家事から
仕事まで使える

がんばらない効率化

諏訪寿一
TOSHIKAZU SUWA

最初にクイズをやってみましょう。次の5問は、どれも「がんばらない効率化」に密接な関わりをもつものばかりです。あなたはAとB、どちらを選びますか?

答えのあとに、詳しく解説しているページを記しましたので、併せてご覧ください。わかりやすいイラストや表、QRコードで閲覧できる無料動画も用意しています。

1問目

問題

10枚の皿（食器）を洗うとき、どちらの方法が早く洗い終わるでしょうか？

A

すべての皿を洗剤で洗い、
終わったらすべての皿をすすぐ

B

1枚ずつ皿を洗剤で洗い、すすぐ。
これを10枚分、繰り返す

1問目

答え

早く終わる洗い方はBです。
私は毎日、この方法で食後の皿洗いをしています！

詳しい解説は……
第3章　一の型：一人分業からの一気通貫変換法
「皿洗いは、AとBどちらの方法が早く終わるか」▼86ページ

問題

2人で10個の段ボールを10メートル先まで運ぶとき、どちらが早く運び終わるでしょうか？

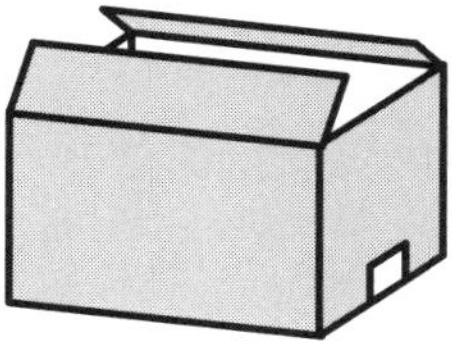

A

一人が5メートルまで運び、もう一人が残り5メートルを運ぶバケツリレー方式

B

2人で同時に10メートル先まで運ぶ

2問目

答え

早く運び終わるのはBです。

バケツリレー方式はうまく協力しているように見えて、実は時間も労力も余分にかかってしまいます。

詳しい解説は……

第3章　二の型：複数人分業からの一気通貫変換法
「バケツリレーすればするほど非効率」▼101ページ

3問目

問題

2人が分業をしています。
一人が途中までつくったものを、
もう一人が完成させるという作業です。
作業を早く終わらせたいとき、
作業台はどちらのタイプがよいでしょうか？

A 2人用の大きな作業台を一緒に使う

B 一人用の小さな作業台をそれぞれ使う

３問目

答え

答えはBの小さな作業台です。
作業台は必要最小限のスペースがあればＯＫ！
広いほど作業が滞りがちになってしまうのです。

詳しい解説は……

第３章　三の型：大から小に変換法
「作業台をあえて小さくして『ためない』『まとめない』」▼１２２ページ

4問目

問題

あなたが8つの会社の経理を任されたとします。どちらのほうが効率的に処理できるでしょうか？

A

1日1社分ずつ、8日間かけて処理する

B

毎日1時間ずつ、8社分を処理する

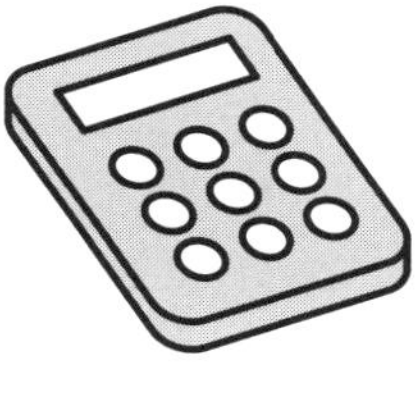

4問目

答え

Bのほうが時間をかけずに処理することができます。

わが社の経理担当はこの方法で、グループ会社8社分の経理を難なくこなしています。

詳しい解説は……

第3章　四の型：時間ピボット法
「経理の仕事も学校の時間割のように考える」▼163ページ

問題

ある製品の生産ラインは第1工程に5秒、第2工程に8秒、第3工程に10秒かかります。最初の1個目は5秒＋8秒＋10秒＝23秒で完成しました。

では、2個目は何秒で完成するでしょうか？

A 5秒

B 8秒

C 10秒

D 23秒

5問目

答え

Cの10秒が正解です。

どんなにスムーズに生産ラインが動いても、最も時間のかかる第3工程の10秒より速くは製造できません。

詳しい解説は……

第3章　五の型：ボトルネック解消法
「渋滞の話をビジネスに置き換えてみる」▼175ページ

あなたはいくつ正解しましたか。

答えを見て、「本当かな」「そんなはずないだろう」と感じた方も少なくないと思います。

私も以前は半信半疑でした。でも「モノは試し」で実践してみると驚くなかれ、ことごとく予想を覆《くつがえ》す結果となったのです。

先入観や常識にとらわれるより、あなたも現状打破を目指して「がんばらない効率化」に足を踏み入れてみませんか？　きっとビジネスも人生も、あなたが思っている以上に豊かに輝き出すはずです。

はじめに

わが家では、夕食後の皿洗いは私の仕事です。それは、私が妻に効率的な皿の洗い方を説明したのがきっかけでした。

その詳しい方法については本文で触れるので省略しますが、実際にやってみると、明らかに以前よりスピードアップしました。

妻はニコッと微笑《ほほえ》み、「じゃあこれから、皿洗いはあなたの仕事ね」と一言。私にしてみれば本末転倒のような話ですが、妻は私を扱うのがとても上手なのです。

共働き世帯が増えて、育児のワンオペ問題などがクローズアップされるなか、家庭においても、家事を効率よく進めて生産性を高めることは重要です。それは、人生を豊かにすることにも直結しているのではないか、と妻を見ていて感じます。効率化でゆとりが生まれれば、その分、家族団らんのひとときや、自分のための趣味や勉強の時間などを増やすことができます。

もちろん「私は家事そのものを楽しんでいるから、効率的かどうかは気にならない」と言う方もいらっしゃると思います。その場合も、たとえば料理のレパートリーを広げるとか、室内をより居心地よくするためにインテリアの配置を考えてみるなど、効率化によって得られた時間を生かす方法は、無限にあるのではないでしょうか。

私はと言えば、この20年間、仕事における効率化と生産性の向上に力を注いできました。

先代である父・諏訪廣勝《ひろかつ》が1969年に創業した観光土産卸売業の「諏訪商店」を継ぎ、代表取締役に就いたのは2003年のことです。以来、時代に合う経営スタイルを模索し、先代の「千葉の誇る名産品を多くの人に知ってほしい」という志《こころざし》をさらに大きく花咲かせることを目標に仕事に励んでいます。

具体的には、まず小売業に進出し、「房《ふさ》の駅」という店舗を展開しました。直接お客様に販売することで、千葉県の食の魅力をもっと柔軟に表現したいと思ったからです。

しかし多店舗化するにつれ、自分たちの機能不足を感じるようになりました。それを補完する形で進めたのがM&A（吸収・合併）や会社の分割・再編です。

2008年に2社を新設し、2009年には農業生産法人として「株式会社房の駅農場」を設立。その後は2010年に食品卸売、2016年に味噌メーカー、2019年に佃煮メーカー、2021年に宅配先専門食品卸をM&Aしました。

その間に、新設分割や吸収分割、事業譲渡でグループを再編。現在はホールディングス会社の下に事業会社7社をぶら下げる形で運営しています。

幸い、私たちの最大の強みとなった商品開発力を生かし、マーケティング、ブランディングなどの総力で全グループを牽引できるようになりました。ですが、このように会社を拡大して複数社の体制にした場合、どうしてもシナジー（相乗作用）の問題が出てきます。とりわけ近年は、働き方改革を推進するために、生産性の向上が必須の課題となってきました。

どうすれば各社の職能や資源を最大限に生かし、それをグループとしての発展に結びつけることができるか――。卸売業から事業を拡大した私たちは、絶えずそのことを念頭に置いてきたと言っても過言ではありません。

初めに行うべきは、整理整頓による効率化です。そのことは卸売業でも幾度となく経験しました。

整理整頓をすると、必要なものと、そうでないものとが明確にわかります。必要なものと不要なものの区別がつけば、日ごろから余計なものを買わないので経費を節減できます。また、不要なものを処分すればものの数が減りますから、必要なものを探すときに時間がかからなくなります。

卸売業の次に始めた小売業でも、同じように効率化を進めることができました。しかし、製造業の効率化となると勝手が違います。再生型のM&Aで手に入れた製造業をより上手に効率化するため、私は生産性のコンサルタントである株式会社YANAI総合研究所の箭内《やない》武先生に教えを受けることにしました。

そして箭内先生のご指導にヒントを得て始めたのが、本書で紹介する「がんばらない効率化」という方法です。私は製造業で学んだこの方法を、卸売業、小売業、物流などすべての分野に応用しました。

その結果、グループ全体に「がんばらない効率化」を浸透させることに成功しました。箭内先生との出会いが、私たちのグループに大きな革命をもたらしたのです。

「がんばらない効率化」は「ためない」「まとめない」という2つの要素を根幹としています。

たとえば、夏休みの宿題を思い出してください。

宿題をためて、夏休み終盤にまとめて片づけようとすると、かなりがんばらなくてはなりません。私も「始業式までに間に合わない！」と焦り、眠い目をこすってがんばった経験があります。

しかし、ためずにコツコツ片づければ、まとめてやっていたときのようにがんばる必要がなくなります。言い換えれば、つらく慌ただしい「がんばっている感」を味わわずに済むのです。「ためずにコツコツ続けるほうがいいなんて、そんなことはとうにわかっている」と言う方も多いと想像します。

では8社の経理を一人で担当するとき、「1日に1社分ずつ、8日間かけて処理する」のと「毎日1時間ずつ8社分を処理する」なら、どちらが効率的だと思いますか？「大きな台車で一気に荷物を運ぶ」のと「小さな台車で複数回に分けて運ぶ」のとでは、どうでしょうか。どちらも前者を正解と考えがちですが、私は私たちの業務のなかで後者が正解であることを知りました。

本書では、このように「ためない」「まとめない」が効率的で「ためる」「まとめる」が非効率的であることを、私たちグループが実践してきた具体例に基づいて解説したいと思います。

働き方改革や人手不足、さらには最低賃金の引き上げなどにより、日本の企業の多くは生産性の問題に直面しています。大手の製造業では改善が進み、生産性の高い企業も多くありますが、中小の製造業、またサービス業や流通業などでは、いまだ生産性の問題に気がついていない企業のほうが多いように感じます。

働き方改革で労働時間を短くした結果、業務を詰め込みすぎて従業員がみんな疲弊していく……そのような光景もたくさん目にしてきました。本当の働き方改革は人生を豊かにしてくれるものであるはずなのに、現実はまったく正反対に動いているように見えます。

働き方改革に必要なことは、限られた時間や労力を上手に使う「効率化」です。そして「がんばらない効率化」を実践すれば職場でも家庭でも、さらには日本全体、世界全体においても、生産性を向上させることができると私は確信しています。

数年前、ある大学で地域再生に関する授業を担当しました。そのとき気がついたのは、地域再生も「がんばらない効率化」の考え方を取り入れるとうまくいくということです。

破綻した市やその予備軍は、多くがある産業に特化している、あるいは大きな企業の誘致、大規模宅地開発などで成り立っていたところばかりです。これも特定の産業をまとめたり、ためたりしてしまった結果と言えます。

一方で私は、効率化しないほうがよいものもあると考えています。たとえば音楽を聴く時間、映画を観る時間、小説をゆっくりと読む時間など癒しの時間です。

私の周りでは最近、動画を１・２倍速で見る人が増えています。効率よく動画を再生して、その分の時間を節約するのです。

情報収集など仕事に関する動画ならわからないでもありませんが、余暇やリラックスしたいときに１・２倍速で音楽を聴いたり、映画を観たりするのはちょっと違うような気がします。

ゆる〜い時間、とでも言えばよいのでしょうか。「がんばらない効率化」で生まれた時間を、ゆる〜く過ごす……それはとても素敵な時間だと思います。

ちなみに私の趣味は読書と映画鑑賞、それから農業です。私のこれらの時間は、間違いなく「がんばらない効率化」によって生み出されています。

あなたなら「がんばらない効率化」で生まれた時間を、どのように使うでしょうか？

目次

第1章 「効率化」の前に知ってほしいこと

第2章　「がんばらない効率化」で未来は変えられる

第3章　「がんばらない効率化」に必要な5つの型

第4章 「がんばらない効率化」をコミュニケーションで飛躍させる

第5章 情報を「ためない」「まとめない」と、組織の成長が加速する

第1章
「効率化」の前に知ってほしいこと

◎出発点は「ためない」「まとめない」

これから説明していく「がんばらない効率化」には、2つのポイントがあります。

それは、

「ためない」

「まとめない」

です。


こう書くと2つがまったく別のことのように見えますが、実は密接につながった1セットの事柄です。

たとえば、1週間分の伝票をまとめて処理するときは、その前段階として、1週間分の伝票をためています。ためなければ、まとめてやることはできません。

ためた仕事をまとめて片づけるときは、往々にして、いつもより仕事が多くなった気がしないでしょうか。「がんばって一気に片づけよう」と考え、片づけたあとは「今日はがんばったな」と感じるかもしれません。

1週間分のツケをまとめて処理しただけなのに、まとめると、その仕事の存在感が実際以上に増しやすいのです。

なかには「私はがんばった達成感が好きだから、それでいい」と言う人もいると思います。

けれども、振り返ってみてください。そのがんばりは、「方法を変えればしなくて済む種類のがんばり」ではありませんか？

仕事でも生活でも、否応《いやおう》なくがんばらざるを得ない局面はほかにいくらでもあります。ならば、取り除けるがんばりはできるだけ取り除こう、無理にがんばらなくても仕事や作業が進んでいく状態にして、精神的にも肉体的にも楽々と、余裕をもって仕事をこなせるようにしよう、というのが「がんばらない効率化」です。

・ためる→まとめてやる→がんばる（がんばった感がある）
・ためない→まとめてやらない→がんばらない（がんばった感がない）＝がんばらない効率化

このように、「がんばらない効率化」の出発点は「ためない」です。

業務に内在するあらゆる「ためる」を遠ざけ、その結果「まとめてやる」のシーンを少なくしてしまうことが「がんばらない効率化」への近道と言えます。

ですが実際問題、ためてしまう状況は至るところに潜んでいます。

本章ではそのあたりのことからお話ししたいと思います。

◎「まとめたほうが効率的」という幻想

「仕事はためないほうがよい」というのは感覚的にわかりやすいと思いますが、もう一方の「まとめないほうがよい」はどうでしょうか。

私たちの多くは、子どものころから「まとめてやったほうが効率的」という幻想をもち続けてきた気がします。

たとえば夏休みの宿題です。

「毎日やるのは大変だし、メンドクサイな。気が向いたときボチボチ手をつけて、夏休み後半になったら本気でエンジンをかけよう」

私はそんなふうに考える子どもでした。

だって夏休みは1カ月以上も続くのです。新学期なんてずっと先のことで、しばらくはのんびりしていても大丈夫そうじゃないですか。

ところが始まってみると、夏休みもそれなりにやることがあります。親戚の家へ泊まりに行ったり、友人と時間を忘れて遊んだり。プール、昆虫採集、ゲーム、花火大会……楽しい日々の連続ですから、宿題に気が向く暇などありません。

「まだ間に合う、まだ余裕」

「ラストスパートでまとめて片づければ、なんとかなる！」

そうこうするうちに、気がつけば８月も終盤です。

わが家は夏休みの最終日曜日、家族で海水浴へ行くのが恒例行事でした。そのときになって「宿題……やってない」と青くなるのも毎年のことです。

「だから早く終わらせなさいと言ったのに」と母に叱られつつ、父の運転する自動車のなかやお昼を食べる海の家で、泣きべそをかきながら読書感想文や夏休みの日記を書いた覚えがあります。

毎年のことなのに、どうして夏休みのたびに同じ失敗をしてしまうのか。

同級生のなかには、最初の１週間で宿題をすべて終わらせてしまう強者《つわもの》もいました。しかし完全に少数派で、大多数は私と同じでした。数を味方にして「みんな、そんなもんだよな」とかなんとか、意味のない言い訳をこじつけて安心していたのかもしれません。

「人は易きに流れやすい」は、大人になってから学んだ教訓です。

思えば中学や高校のテスト勉強も、似たような「まとめ主義」でした。中間試験や期末試験の前に部活動が休みの期間に入ると、やることがないのでようやくテスト勉強を始める。ほとんど一夜漬けのようなその場しのぎで、ようやく及第点をもらうような状態でした。

「勉強なんかしないよ」とテスト前も遊び回っているのに、常に好成績を取る超優秀な友人がいました。まったく勉強しないなんてウソだろう、と私は思いましたが、親しくなってみると、確かに、とりたてて勉強をしている様子はありません。いつ遊びに誘っても気軽につき合ってくれます。

ただし「勉強しない」は、家に帰ってからのことでした。彼は授業をしっかり聞いて内容を理解し、覚えるべきことはその場で覚えるというように、毎日コツコツ努力を積み重ねていたのです。彼のような勉強法のほうが有効であることを、私は大学受験が終わってから気づきました。

定期テストのときに一夜漬けのまとめ勉強で覚えた数式や英文法、古代史は、いざ大学入試に直面してみると、まったく記憶に残っていませんでした。頭のなかはほぼ白紙状態。「これじゃあ、一から勉強し直さなきゃならない」と、愕然としました。

短期間で覚えたことは忘れやすい。コツコツ繰り返しながら学習したほうが、理解が深まって成果が出るのだ――。そのことを知ってから、私はものを見る観点が多少なりとも変わったのだと思います。大学時代も社会人になったあとも、多くの場面で、同じようなことを痛感する機会が増えたのです。

そしていまの私は、そのことをはっきり認識できるようになりました。自分の体験から自信をもって言いますが、まとめて一挙に片づけることは、決して効率的な方法でも、楽をできる方法でもありません。

◎「分業したほうが効率的」という幻想

次はバケツリレーのように、複数の人間で作業を手分けして行う「分業」についてです。一見「ためない」「まとめない」と無関係のようですが、分業には「ためる」の要因になる部分が潜んでいます。

小学生のころ、町内会の大人たちがお祭りの準備をしていました。倉庫からパイプのようなものを運び出し、それで盆踊り会場の中心部にしつらえる「やぐら」をみんなで組み立てる、という作業です。最初は総勢10人ほどだったと思います。半分の人は倉庫から出したパイプを途中まで運び、残り半分の人はそれをやぐらの設置場所まで運んでいました。倉庫からやぐらの設置場所までは約50m。前半担当の人がパイプを置くところは、そのほぼ中間。絵にすると**図1**のような感じです。

そのうち人が増え、もっと細かい分業体制になりました。倉庫からパイプを出すグループ、その パイプを中継地点まで運ぶグループ、中継地点からやぐらの設置場所まで運ぶグループ。さらにそれぞれのパイプをやぐらのどの部分に使用するかを考え、適切な位置に移動させるグループもできました。

私はそれを見て、そのときは「なるほど、そのほうが効率的だよね!」と感じたことを覚えています。

いま同じ光景を見たら、きっと「効率の悪いことをしているな」と思うでしょう。作業の形態自体に「ためる」が潜んでいるからです。

図1 複数人で作業する際にありがちな光景

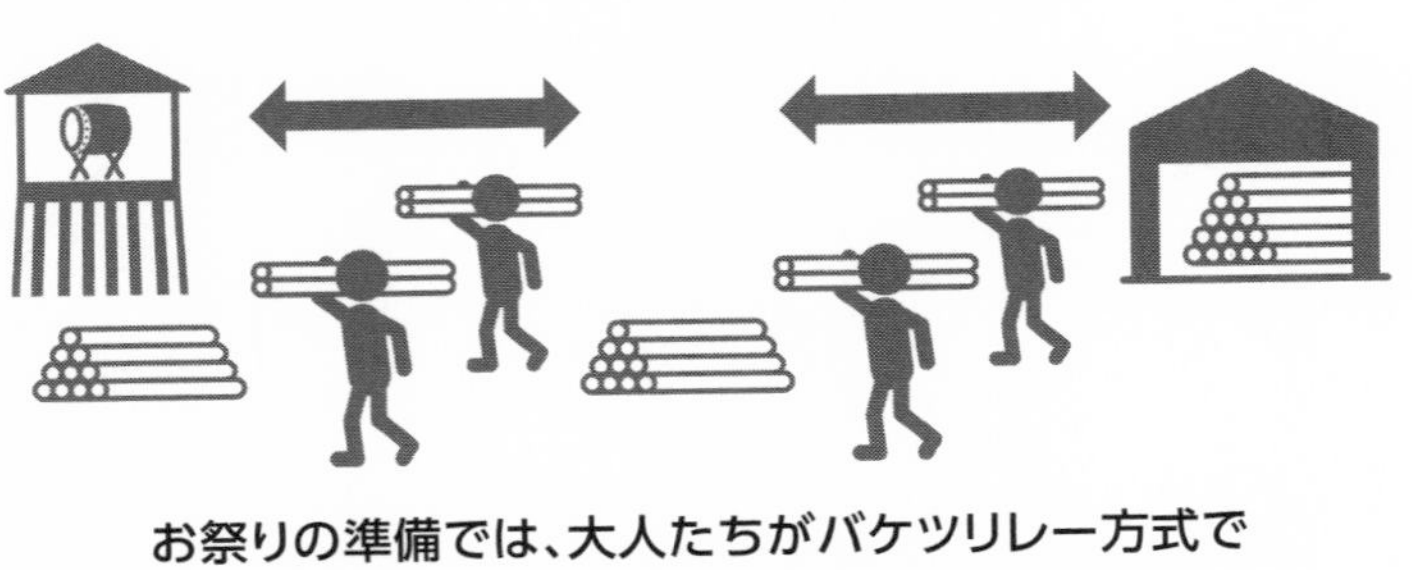

お祭りの準備では、大人たちがバケツリレー方式で
やぐらのパイプをせっせと運んでいました

そのときの大人たちの分業でも、グループとグループの中継地点にパイプがたまっていました。スピーディーに運ぶ人が集まっているグループもあれば、なんとなく手間どっている人が多いグループもあります。その差が中継地点それぞれのパイプのたまり具合に表れていたのです。

また、前のグループの人がいったんパイプを置き、次のグループの人がそのパイプをもち上げて運ぶということは、中継地点の数だけ「置く」「もち上げる」の動作が繰り返されます。一人で全行程を運べば、「置く」「もち上げる」は1回ずつで済むにもかかわらずです。そのせいで時間的ロスが大きくなり、中継地点が増えるほど、たまっているパイプの総数が増えました。

果たして大人たちは、そのことに気づいていたのでしょうか。そして私はあのとき、どうして「効率的だな」と感じたのでしょうか。

おそらく私は、がんばっている大人たちの様子に感動したのだと思います。「みんな、役割分担に従ってテキパキ動いている！」と感動し、「これならすごく仕事がはかどるに違いない」と錯覚したのです。大人たちも、みんなで一緒にお祭りの準備をすることに夢中になっていたのだと思います。ちょっとはしゃいでいるようにも見えました。

力を合わせて一つの仕事をする分業は、自然と仲間意識が生まれやすいものです。あとから来て自分が何をすればいいかわからない人も、分業ならどこかのグループに加わってたやすく仕事をつくり出すことができます。

最初は他人行儀だったのに、作業をしながら「大丈夫ですか？」「明日は筋肉痛ですね」と笑い合ったり、やぐらの設計図を一緒に見てあれこれ相談したり。私はそんな大人たちの姿をまぶしく、頼もしく眺めていたのです。

いまでも私はそういう雰囲気を好ましく思いますが、「では、会社で日々の業務に分業を取り入れるか？」と聞かれたら、答えは「ＮＯ」です。効率があまりにも悪すぎます。

従業員たちが提供してくれる労働力を最大限に生かし、会社の利潤をより大きくして、それを給与の形で従業員に還元するのが経営者の務めです。私が仕事に効率化を追い求めることには、そうした理由があります。

◎コロッケと餃子。効率的につくれるのは？

「ためる」のデメリットを考えるとき、ほかにも思い出す光景がいくつかあります。

小学生の低学年のころというのは、家庭と学校が自分の世界のほとんどを占めていました。そこで経験することは日々、繰り返し、積み重ねられます。だから大人になってからも、そのころの経験が印象に残っていて、大きな影響を与えるのだろうとつくづく感じます。

多くの方は学校から帰ると、家でお手伝いをしたのではないでしょうか。私もよく弟と一緒に母の夕飯づくりを手伝いました。父の会社を手伝ってくれる人たちが住み込みで働いていた時期があり、母も食事の用意が大変だったのでしょう。

ある日、３人で大量のコロッケをつくりました。じゃがいもベースのタネに弟が小麦粉を付け、私がそれを溶き卵にくぐらせ、パン粉をまぶします。母はそれを受け取り、次々と揚げていきます。

母に渡すまでは弟と私の分業ですが、弟はまだ小さいので作業量が少なめです。それでも弟と私の間に、小麦粉を付けたコロッケがたまりがちでした。

「たまるというのは、ちょっと効率が悪いな」と私は思いました。そして「餃子なら、こんなことはないのにな」とも思いました。

餃子をつくるときは、弟も私も作業は同じでした。手に取った餃子の皮の中央より少し奥にタネを置き、水をノリ代わりにして包んでいきます。

もちろん年上の私のほうが早く出来上がりますから、弟よりたくさんの餃子をつくることになります。しかし、どこか途中でつくりかけの餃子が「たまる」ということはありません。私はそれで「餃子づくりはコロッケより、お手伝いがスムーズにできる」と感じたのです。

ほかのシーンのお話もしましょう。

小学校では体育館を使った全体集会がよくありました。短時間の集会なら立ったままや体育座りで話を聞きますが、長いときはパイプ椅子を用意して座りました。パイプ椅子は普段、体育館の舞台下の倉庫に収納されていました。生徒は各自それを運び出し、片づけるときも自分で舞台下まで運びます。

この作業はかなり時間がかかりました。倉庫の収納口に全校生徒がズラリと並び、渋滞してしまうのです。

ところがあるときから、教室にある自分の椅子を体育館へもっていくようになりました。これなら生徒が少々重いのを我慢すれば、準備も片づけもとてもスムーズです。おそらく先生たちは「パイプ椅子を使うと、出し入れに時間がかかる」と話し合い、生徒に教室の椅子をもってこさせるようにしたのでしょう。卒業式や入学式など来賓《らいひん》がいるときは、以前と同じようにパイプ椅子を使っていましたが。

教室の椅子を使うほうが効率的だということは、低学年の私にもなんとなくわかりました。行列で待っている間が暇すぎて、「この時間で遊べるのに」「もったいないよなあ」など友だちと話したものです。

現在の私の視点で言い換えると、舞台下の倉庫に収納されているパイプ椅子は「たまっている椅子」です。「ためて」あるものを「まとめて」出し入れするため、渋滞を待たなければならないという「余計な作業」が発生します。

ここまで、古い記憶をたどりながら「ためると効率が悪くなる」ことの具体例を書いてみました。私の言いたいことをおぼろげでも理解していただけたでしょうか。

◎毎年年末が忙しくなる原因も同じ

さて、現在のことに話を移します。

12月になると毎年、ほかの月以上に忙しさを感じませんか？　さすが僧侶や先生も走り回る「師走《しわす》」です。やらなければならないことがたくさんあります。忘年会やクリスマスパーティーに出かけたり、お正月の準備をしたり。暮れには家族こぞって大掃除をしたり……。それらのための買い物も増えます。クリスマスプレゼント、年賀状、掃除道具。お世話になった人へのお歳暮や、帰省のための手土産も必要かもしれません。

毎年のことだから「年末は忙しくなる」とわかっているのに、どうして同じことを繰り返してしまうのでしょうか。当日や直前にならないとできないこともありますが、なかには前もって計画的に準備できる事柄もあります。たとえば「お歳暮を手配しなきゃ!」と気づいたときは、だいたいどこの店もお歳暮を買う人でごった返しています。

わが家のクリスマスは、息子にプレゼントを渡すのが習慣ですが、ある年は本人がリクエストしたおもちゃが品切れでした。早く買っておけばよかったのに……と思っても、あとの祭りです。まだサンタさんの存在を信じていた息子に、「きっとサンタさんも忙しいんだよ」と言い訳をしました。

大掃除に使う道具など、何カ月も前から用意できるはずです。なのに「必要なときになったら」とついつい後回しにしてしまうので、年末のホームセンターは大混雑です。店側もそれを見越して、これでもかというくらい大量の品を陳列します。さぞかし日本中、どこもピカピカになることだろうなんて思ってしまいます。

「毎年のことなんだから、早くやっておけばいいのに」

もちろん、そのとおりです。けれども私は、ちょっと違った観点からこの年末の現象を見ています。「どうして早く始めなかったの?」というより、「どうしてやらなきゃいけないことをためてしまったの?」と考えます。すべきことをためてしまうと、のちのち、まとめてやる羽目になる……これ、仕事にもつながりますよね。

◎さざ波が大波になり、やがて津波になる

年末は食品会社も忙しくなります。

物流の川上にあたるメーカーはほとんどの場合、年末年始に長い休みを取ります。メーカーから仕入れて小売店やスーパーに卸す卸売会社も、多くの場合は休業します。ですから両者の間では物品が動きません。対して川下の小売業者は、1年のなかでも年末年始が最も販売量の多い時期です。12月29日、30日、31日の売り上げはすごいことになります。三が日にオープンしている店舗は、ここでもけっこうな売り上げがあります。

ですから小売業は年末年始、あらかじめ大量の在庫を確保します。メーカーはそれに合わせて普段より多めの商品をつくり、受け取った卸売業者も小売業者に出荷してから休みに入るというわけです。

この「年末に多めにつくったり、在庫を増やしたりすること」が、ただでさえ忙しい年末の会社を、さらに忙しくさせているのではないか。そしてそれは、会社経営の効率を悪化させる由々しき問題ではないか――。

そのことに気づいたのは、私たちの会社の構造が特殊であるからにほかなりません。私たちの会社は、農業・醸造メーカー・メーカー・卸売業・小売業・飲食業が垂直につながっている部門や会社によるグループ会社です。グループ内の製品を販売するだけでなく、ほかにも協力していただいているメーカーがたくさんあります。卸売業にも多分野にわたるお得意様がいらっしゃいますし、卸売業の立場では、いろいろなメーカー、お得意様とおつき合いがあります。

こう書くと複雑で経営が難しい構造のように見えるかもしれませんが、多岐にわたる事業内容だからこそ得られるメリットもあります。たとえば製造業、卸売業、小売業、飲食業とそれぞれの立場で物流の現状をとらえ、そこからグループ会社全体にとって最善となるシステムの構築や改革案を考えることができます。それは私たちの特徴であり、強みだとも思っています。

まず、年末年始に在庫が増える現象を、卸売業の立ち位置で見てみましょう。

真っ先に感じるのは「12月分の発注は、〇月〇日までにお願いします」という形で依頼するメーカーがとても増えてきたことです。しかも、その締め切り日がだんだん早くなってきました。早いところだと10月末ぐらいが締め切りの会社もあります。

仕入れの数は通常、そのときの在庫状況、お得意様の販売状況、天候、社会情勢などを鑑《かんが》みて決めます。ですから一つの商品の２カ月先の動向を正確に予測するのは、非常に困難です。

そうすると、人はどう考えるでしょうか？　商売を生業《なりわい》とする人なら「在庫切れになるぐらいなら、多めに発注しておいたほうが損はない」と考えると思います。仮に小売店からの受注が１００個と予測された場合、その商品の卸売業者は「20個を上乗せして、１２０個にしておこう」と考えるという具合です。

私たちの会社はメーカーでもあります。メーカーとしての受注状況を確認してみると、実際にこの時期、卸売業のお得意様の約８割が多めに発注されています。

注文を受けたメーカーは、製造に必要な原料を原料メーカーに発注します。１２０個の商品を受注した場合、メーカーはおおよそ１４０個分ぐらいの原料を発注します。１２０個分だけということはありません。「原料が足りなくなるぐらいなら、多めに用意しておいたほうがよい」と考えるからです。

そして原料メーカーは、同じ理由で１６０個分ぐらいの原材料を用意するでしょう。

次は小売業のスタンスです。

もし卸売業者に１００個の受注があったとしたら、小売業者が本当に必要としているのはおそらく80個程度です。残りの20個は「在庫切れになるくらいなら」と多めに発注した分です。

さらに、消費者のご家庭の冷蔵庫の中身はどうなっているでしょうか。

おそらく、年末年始の冷蔵庫にはいつもより多くの食材がストックされていると思います。「紅白を見ながら、小腹がすいて食べたくなるかもしれない」とか「三が日にお客様が増えたら足りなくなるわ」、あるいは「年明けには品切れのこともあるし」というように、もしもの場合を考えて余分に買っておくのです。

小売店が販売した80個のうち、20個は消費者が「多めにストックしておこう」と思った分で、実際に消費者が年末年始の食卓で必要としていた食材は60個だったとします。

さて、この60個を消費者へ届けるために、結局、関連各社ではどれだけの数の商品をつくったのでしょうか。**図2**をご覧ください。

消費者が必要とする商品は60個であるにもかかわらず、原料メーカーでは160個分の原材料が用意されています。消費者から始まったストックの「さざ波」は、川上に行くにつれ大波になり、そして津波になっているのが現状です。

そして恐ろしいぐらいに忙しかった12月が終わると、恐ろしいぐらい暇な1月がやってきます。これも毎年のことです。

消費者は冷蔵庫にストックがあるので買い物の量が減りますし、小売業や卸売業は在庫

図2　「多め」のストックがもたらす混乱

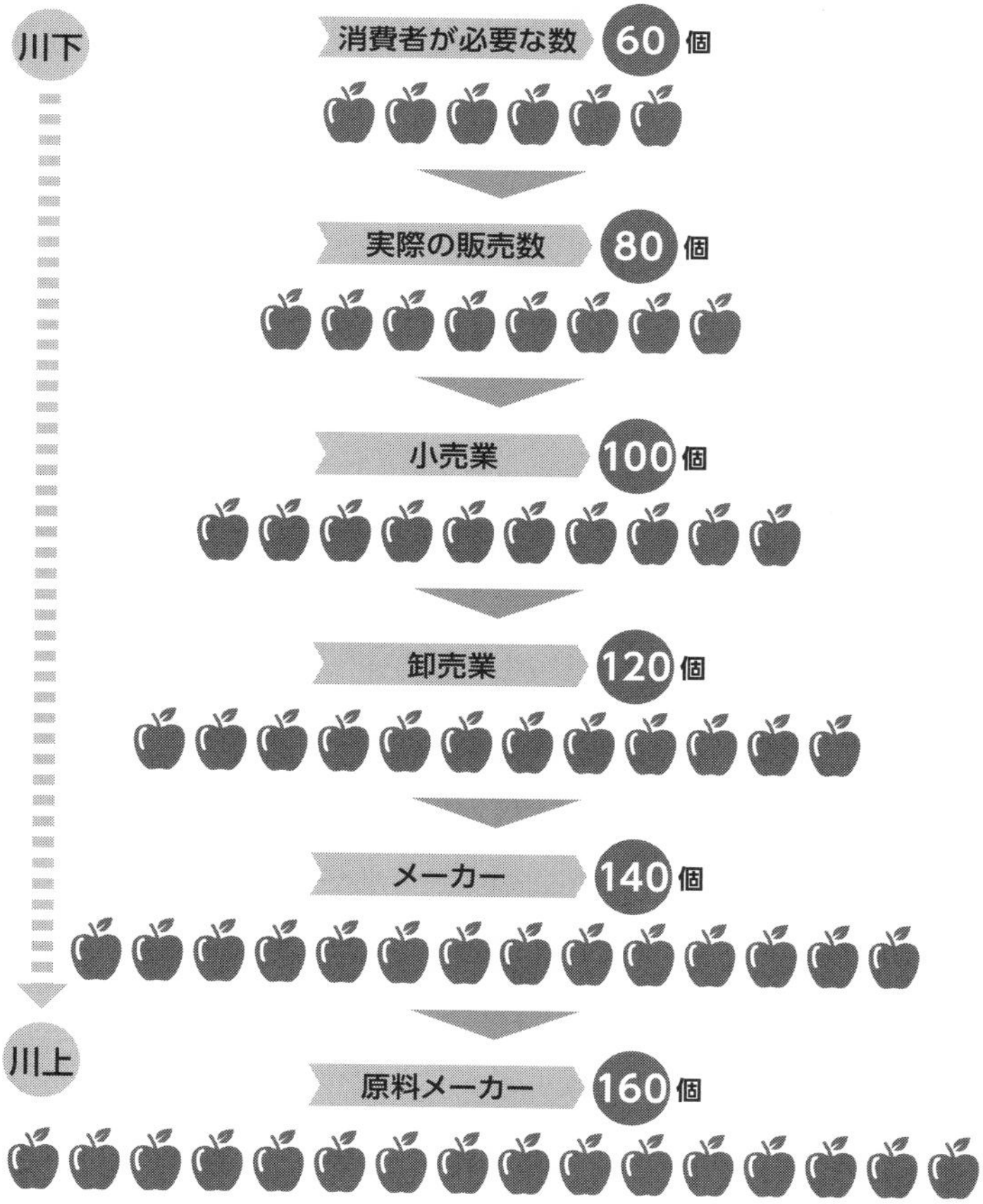

ストックのさざ波が川をさかのぼるにつれて大波に、
そして津波になっていきます

調整のため入荷量を減らします。その結果、メーカーの1月の生産量は12月の約半分に激減してしまいます。

ちなみにこの現象は、近年、年末年始に限ったことではなくなりました。5月のゴールデンウィークや8月のお盆の季節も、同様のことが起こっています。

◎そして、私たちは気がついた

このような理由で入荷が増えるため、年末の小売店はいつも以上に大忙しです。大量に届けられた商品をまとめて運んだり、在庫を積み増ししたり、そのせいでほかの商品の置き場所がなくなれば、倉庫内を整理してスペースをつくったり。そうなると当然のように、作業に必要な人員数もいつも以上に増えます。

仕事が忙しいと、とても大きな利益が出ているような気がするものです。ところが、続いて到来するのは嵐のあとの静けさのような1月――。私たちは毎年、「年末のあの忙しさは、何だったんだろう」と虚しく感じていました。

あるとき、「年末年始にあたふたする現象は、つくりすぎによるもの、在庫を多くしすぎることによるものじゃないだろうか?」と気がつきました。12月と1月を平準化すればどうということもない仕事量なのに、在庫を「ためる」から「まとめてやる」羽目になっているのです。

食品以外を扱うほかの業界の方には「何をいまさら」と言われてしまうかもしれません。自動車メーカーなどは当たり前のようにジャストインタイムで製造し、極限まで在庫を減らして生産性を上げています。食品業界はそのあたりのことにとても疎《うと》いように感じます。

確かに急な注文にも応える必要があるので、在庫という形で小売業の倉庫、卸売業の倉庫、製造業の倉庫に在庫を置かなければならない事情もあります。しかし、そのすべての段階で多め多めに在庫をもつと、前述のような津波になってしまうのです。

私たちは思いきって、「年末年始もいつもどおり、グループ内の在庫は適正数にしよう」と決めました。そのためにまず、各店舗が年末年始用の商品をまとめて発注する習慣をやめました。

どのように実行したかというと、12月初旬から少しずつ在庫を積み増ししていったのです。これで本社の倉庫から急に大量の商品が出荷されることが減り、なおかつ、各店舗は年末年始までに必要な商品数を確保できます。

そしてメーカーへの発注量を、本社の在庫量に合わせます。12月初旬から少しずつ年末年始用の在庫が減っていくわけですから、メーカーへの発注もそのようになります。

しかし前述のように、12月分の発注期日を早めに設けるメーカーが増えました。相手がグループ内のメーカーなら、グループ全社が「在庫を適正数にする」という方向で動いていますので、話は簡単に通ります。仕入量が多いメーカーも、比較的スムーズに納得してくれました。

問題は、仕入量がさほど多くないメーカーです。少量しか発注しない私たちが「うちだけ在庫の減少分に合わせてください」とはなかなかお願いできません。ですから実行できた商品は、全体の3分の1程度でした。それでも大きな効果を上げられました。年末の意味のない忙しさをかなり軽減できたのです。

このように「ためたものをまとめて処理するのは非効率」ということに気づけば、業界全体が年末ごとの無意味な忙しさから解放されるのではないでしょうか。12月と1月との仕事量が平準化して効率的になるし、結果的に食品ロスも減っていくのではないかと私は思っています。

持続可能社会を考えたとき、ＳＤＧｓからの視点だけでなく、効率化の視点においても多くの問題を解決できるはずです。

◎在庫は少ないほうがよい〝本当〟の理由

ビジネスの世界ではよく「在庫は少なくしろ」と言います。どうしてでしょうか？経営者の方や経理担当の方なら、きっとすぐに資金繰りのことを思い浮かべると思います。在庫は現金がカタチを変えたものです。在庫が少なければ現預金が増え、資金繰りがよくなります。そのことは多くの会計の本に書かれています。

私も異論はなく、正しい答えだと思います。ただし、「がんばらない効率化」を学んだ私は、「正しい答えはもう一つある」と知っています。

だいぶ前の話になりますが、社内のある人に「『在庫を少なく』と言うのは、なぜだかわかる？」と質問してみました。

「えーっと……在庫が少ないほうが数えるのが楽です！」と彼が答えたので、私はちょっと残念な気持ちになりました。在庫と資金繰りの関係に触れるような、いわゆる王道の答えを期待していたからです。

しかし、いまになって思えば彼の答えも大正解でした。「在庫が少ないと数えるのが楽」というのは、場面を変えれば「入荷作業が楽」「どけたり動かしたりするのが楽」などにつながります。「在庫が少ない＝在庫管理に関連する作業全般の簡素化と時間短縮が可能」という意味があるのです。

これも「ためないことによる効率化」の実践にほかなりません。

◎棚卸は月末にやるものという思い込み

在庫にまつわる話をもう一つ。

多くの会社は月末に棚卸をします。決算などのために在庫を調べ、数量を確認する作業です。最近は減りましたが、以前はよくお得意様の棚卸を手伝いに行ったものです。ほとんどの会社が月末に行いますから、手伝うほうも人員を揃えるのが大変でした。

月末には集金の仕事もあります。振り込みが増えたのでだいぶ楽になったはずですが、それでも「月末の仕事が楽になった」という実感はあまりありません。ほかにもたくさんの仕事が月末に集中しているからだと思います。

どうして月末は仕事が多いのでしょうか。

たとえば月末に棚卸をする会社が多いのは、それらの会社が月末締めだからです。「そんなことは当たり前」と私はずっと思っていました。

しかし、私たちに「がんばらない効率化」を教えてくれる箭内武先生は「月末締めでも、月末に棚卸をする必要はない」と言います。最初は、何を言われているのかわかりませんでした。もう少し詳しく説明すると、多くの会社は在庫管理をシステム化しています。私たちのグループでも、在庫は基幹システムで管理しています。

在庫管理は月末に棚卸をし、実地在庫とコンピュータ在庫の差異を訂正して実地在庫に合わせるのが一般的です。このとき、コンピュータ在庫が試算表の月末棚卸高となります。

箭内先生はこの「棚卸をし、実地在庫とコンピュータ在庫の差異を訂正」するという月末の作業を「毎日やればいい」と言うのです。

「そんなこと、できるはずない……」と私は咄嗟《とっさ》に思いました。しかし「倉庫を営業日数分で分割しなさい。そして毎日、分割したところを１カ所ずつ棚卸するんです」と聞いて、「なるほど！」と腑《ふ》に落ちました。１カ月分「ためていた」棚卸を「まとめて」するより、毎日、１日分ずつ棚卸をしたほうが効率的というわけです。

私はさっそくシミュレーションをしてみました。

月末の棚卸は15人で２時間、合計30時間をかけて行っていました。毎日なら２人で30分程度で片づけられますから、１日１時間×営業日数22日＝合計22時間でできることになります。８時間の短縮です。そして実践したところ、そのとおりの結果となりました。おかげで月末の忙しさを大幅に緩和することができました。

これを社会全体でやれば、「月末は忙しい」という常識が変わっていくのではないでしょうか。

◎月末、年末、期末、年度末で納期を設定しない

仕事をするようになって「納期」というものを知りました。

納期は大切です。お得意様から受けた注文、上司に指示された業務、会合出欠の回答に至るまで、仕事の世界には納期という期限が付きまといます。

10～11月になると、こんな会話を聞きませんか？

「いつまでにできますか？」

「なんとか年内には」

あるいは、

「納期は年明けでよろしいでしょうか」

「うーん……、年内になんとかなりませんかね」

というパターンもあります。

年内つまり12月末日を納期にしても、そのあと正月休みが何日も続きます。納期が12月下旬だったとしても、仕事納めまでにあまり日がありません。ただでさえ慌ただしい時期に、納品されたものを処理する時間が果たしてつくれるのでしょうか。

年末に限らず年度末、期末、月末など、納期は「末」という言葉が付く日に設定しがちです。どの日も平常より多忙になりやすいことに変わりはなく、「何もそんな時期に、納期を設定しなくてもいいのに……」と私はいつも思ってしまいます。

もしかするとこれは、日本人が「区切り」を大切にすることの表れなのかもしれません。

月末、年末、期末、年度末はすべて区切りになります。一夜明けると新しい月や年、期、年度が始まります。

新しい年が始まる元旦は、日本中の人が一番清々しく意欲的になる日ではないでしょうか。昨日までを一度リセットし、「今年はよい流れを引き継ぎ、悪い流れは断ち切ってがんばろう！」という心持ちになれるのです。

同じように月初めの一日、新期の初日、新年度の初日なども「気持ちを新たに、ここからまたがんばろう！」という気分になりやすいものです。しかし、だからといって末日に大事なことすべてを終わらせようとするのは、「がんばらない効率化」の観点から見るとどうもいただけません。多くのことをまとめてやる羽目になり、自らをつらい状態に追い込んでしまうからです。

そうならないように、ぜひ、納期は月末、年末、期末、年度末に設定しないことをお勧めします。

◎リカードの比較優位論を効率化の面で問い直す

経済を学んだ方なら「比較優位論」という言葉を聞いたことがあるかもしれません。比較優位論とは、イギリスの経済学者であったデヴィッド・リカード（1772～1823年）が提唱した貿易および分業に関する概念です。簡単に言うと、各国が最も優位（得意）な品物に特化して生産し、優位でないものを他国に任せて自由貿易で取引すれば、自国も相手国も大きな利益を得られるだろうというものです。

私は一時期、ある大学で地域再生の講義を担当していました。年に一回の授業でしたが、学生たちに地域再生について教えるからには、きちんと自分なりの考え方をまとめておかなければなりません。そこで、さまざまな資料を見直していたとき、あることに気がつきました。国内でも海外でも、破綻したり破綻《はたん》するかもしれない市区町村は、一つの産業に特化している場合が多いのではないかということです。

たとえば、日本の夕張市は炭鉱の街でしたし、米国のデトロイトは自動車の街です。ある産業に特化するとその産業が斜陽化したとき、街自体が破綻してしまう危険が高くなっているように感じられました。それが何に起因しているか考えるうちに、リカードの比較優位論を思い出したのです。

図３を使って説明しましょう。

A国はB国よりサーモンの生産量（漁獲量）が多く、B国はA国よりトマトの生産量（収穫量）が多いとします。A国の最も優位な品物はサーモンであり、B国はトマトということになります。そのような場合、A国は労働人口すべてを費やしてサーモンの生産に特化し、トマトの生産はB国に任せます。もう一方のB国は労働人口すべてを費やしてトマトの生産に特化し、サーモンの生産はA国に任せます。その結果、両国の生産性は飛躍的に上がり、その生産品でお互いに自由貿易をすれば、A国もB国もお互いに大きな利益を得られるというのがリカードの比較優位論です。

実際、19世紀には、この考えをもとに世界の自由貿易が活発になった経緯があります。

しかしながら、現代も比較優位論は同じように有効でしょうか？　もし現代にも当てはま

図3 リカードの比較優位論

	A国	B国	合計
サーモンの生産量	200	50	250
トマトの生産量	90	100	190
合計	290	150	440

↓

	A国	B国	合計
サーモンの生産量	400	0	400
トマトの生産量	0	200	200
合計	400	200	600

A国とB国のサーモンとトマトの生産量の変化です

	A国	B国	合計
サーモンの生産の労働人口	100	100	200
トマトの生産の労働人口	100	100	200
合計	200	200	400

↓

	A国	B国	合計
サーモンの生産の労働人口	200	0	200
トマトの生産の労働人口	0	200	200
合計	200	200	400

A国とB国のサーモンとトマトの労働人口の変化です

るとしたら、夕張市やデトロイトのような経済破綻は起こっていないはずです。

私なりの意見を言わせていただくなら、リカードの比較優位論は完全に「ためない」「まとめない」の「がんばらない効率化」に反しています。１種類の生産物をまとめてつくり、ためたものを外へ運ぼうとするから、余分なコストが増えて利益を上げられなくなってしまうのです。

多くの人が指摘する比較優位論の欠点は、輸送の問題が軽視されていることです。

図４のフローチャートをご覧ください。

たとえば遠く離れた海外へ農水産物を輸送するときは、船を使うのが一般的です。生産地から自国の港までトラックで運び、輸送船で相手国の港へ運びます。相手国はそれをトラックに積み、卸売業の市場、さらに小売業のスーパーや小売店を経由して消費者に届けます。

この場合、生産地から消費者に届くまでに５工程が必要ということになります。

国内生産の農水産物だったらどうでしょう。生産地↓市場↓スーパー↓消費者の３工程で済みます。

もちろん工程が多いほど、多くの時間と労働力が必要になります。特別な技術や固有の自然環境を要する生産物はさておき、自国で生産可能なものなら自国で賄《まかな》ったほうが、あるいは、もっと狭い地域単位で賄ったほうが効率的なのです。

この時間と労働力をほかの農水産物の生産に使えば、特産品の種類を増やすことができます。時間・労働力をほかの産業に回せば、産業が多様化して経済破綻のリスクを低減できるかもしれません。

しかし、多くの市や町が大企業を誘致すべく、税制の優遇や補助金、融資制度を拡充したりしています。県によっては固定資産税などを数十億円軽減するなどの優遇もあります。明らかに大企業を誘致するための施策ということがわかります。

繰り返しになりますが、地域の産業を限定して特化するのは危険です。私の周りにも昔はとても栄えていたのに、大企業の撤退が市全体の衰退につながった例があります。

大企業の周辺には裾野産業が増えます。定期修繕が必要な職種ならそれを担当する会社が成長しますし、社員やその家族が利用する小売業や飲食業も盛んになります。大企業が撤退するとそれらも併せて苦しい立場に追い込まれます。

ならば、多種多様な産業を興し、市民生活に必要なあらゆるものを生産できる、地産地消の形に近づけたほうがよいのではないでしょうか。そうすれば地域再生が実現し、長期的に見て繁栄する可能性が高まるに違いありません。

図4 輸送にかかる時間と労働力のコストの積み重ね

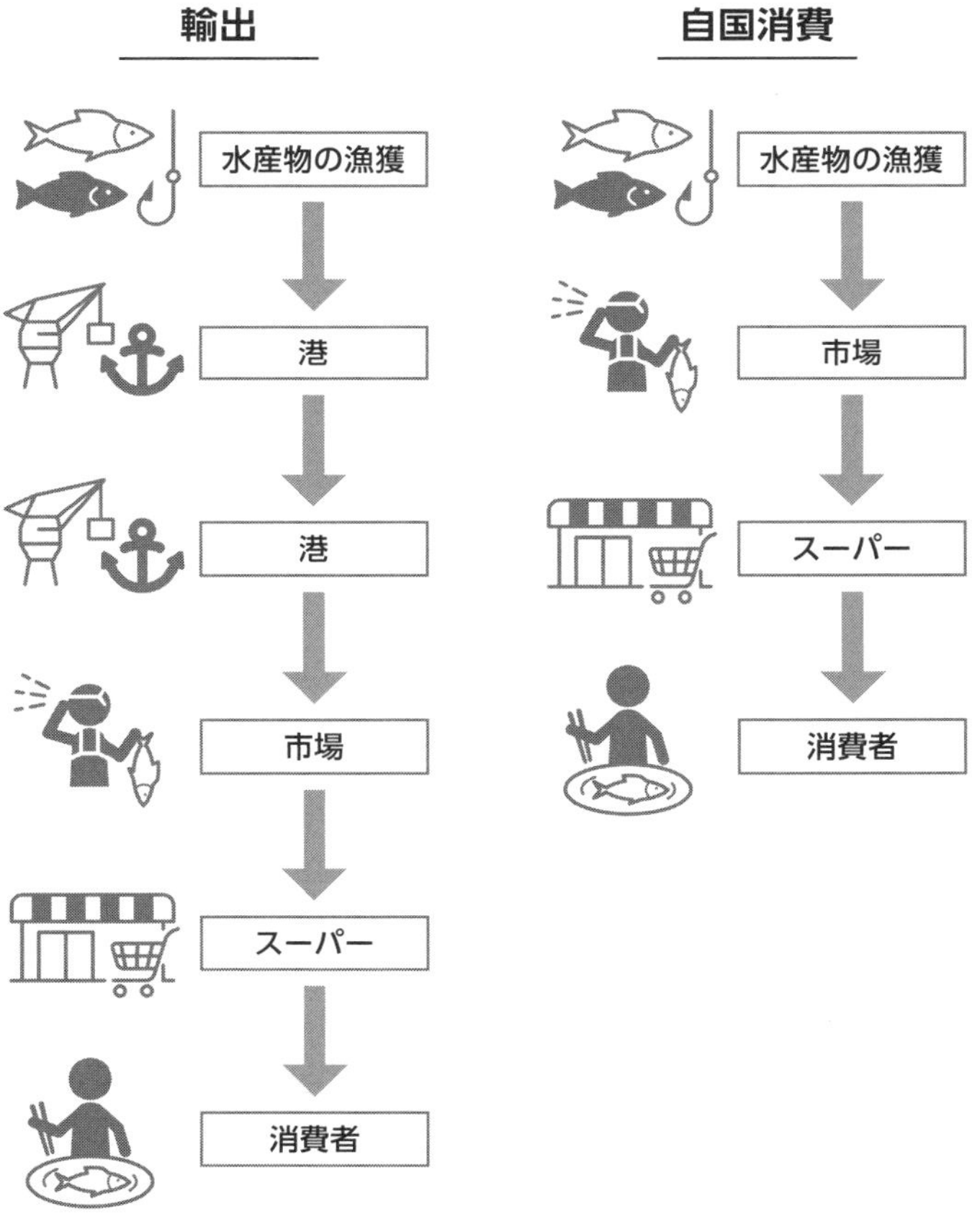

輸出の場合は、消費者まで届くのに
経由地点が多いことがわかります

◎街づくりも「ためない」「まとめない」ほうがよい

オレゴン州ポートランドの人気は、相変わらず高いようです。コロナ禍で簡単に旅行できない時期が続きましたが、それ以前から街づくりや小売業の業態開発のため、視察に訪れる人がたくさんいました。私も何度か訪れたことがあります。

全米で「住みたい街ナンバー1」に輝いたこともあるというその街は、とても魅力的です。豊かな自然と、落ち着いた文化の香り。お洒落なカフェやレストランでランチをしたり、公園でのんびり本を読んだり、市内に70カ所以上ある地ビール醸造所をいくつか訪ねてクラフトビール巡りも楽しみました。優雅な時間の流れを感じることができます。

日本にも、明らかにポートランドを参考にしたと思われる施設などがあります。カフェやレストラン、小売業の業態などを参考に、ポートランドの知恵を日本に取り入れるのは、もちろん素晴らしいことです。

しかし、私は少し違う視点で考えてみました。

日本の街は、住宅の区画、商業の区画、工業の区画、農地などに分かれています。違う言い方をすると、住宅は住宅、商業は商業、工業や農地もそれぞれまとめられています。

これは「がんばらない効率化」に反しますね。「ためない」「まとめない」の逆をいっています。

え？　街づくりには関係ないのでは——そう思われるかもしれません。しかし、まとめることによって生産性が悪くなるのは、たとえ街であっても同じなのです。

ポートランドはリーマンショックのときも、経済が大きく落ち込むことがなかったようです。それは街の構造に要因があったと私は考えています。ポートランドの街並みは住宅地や商業地、工業地、農業地などが入り組んでいます。日本の都市部と同じようにたくさんのビルがありますが、その内部は１階が商業施設、２～３階はオフィス、それ以上は住宅となっているものが多いと言います。

朝起きてビルの上階から下りてきた住人は、必ず、たくさんの店の前を通って仕事に行きます。店の種類は、カフェ、レストラン、スーパー、雑貨店、ベーカリーなどさまざまです。そして仕事から帰ってくるときも、必ずたくさんの店の前を通ります。ポートランドでは自宅に近いところにも店があり、購買機会がたくさんあるのです。

もちろん、日本でも電車通勤の方ならたくさんの店の前を通りますよね。しかし自宅の近くより、どうしてもオフィスの近くや駅前のほうに店が多くありませんか？

とりわけ郊外に住んで自動車通勤をしているような方は、家と会社の往復になりがちです。もちろん途中に店があったりしますが、特に欲しいものがない限り、車を停めて立ち寄るのはちょっとハードルが高く感じます。

日本のある街のある駅に、大きな商業施設ができました。とても立派な商業施設で、おかげで多くの人は、改札を出てすぐのところでほとんどの買い物が完結できるようになりました。その駅から少し離れたところに県庁があります。以前は駅から県庁へ行くまでの間に、デパートとショッピングセンターがありました。

しかし駅ビルの商業施設の出現から間もなくして、デパートもショッピングセンターも撤退してしまいました。老朽化などの問題もあったようですが、人の流れが完全に変化したのでしょう。しばらくすると駅と県庁の間にあった飲食店も、少しずつ減っていき、県庁の周りはさびれてしまいました。

もしもデパートや商業施設が元気に営業を続けていたら、県庁界隈《かいわい》の賑わいはなくならなかったのではないかと思います。駅前に立派な商業施設ができても、駅を通勤などで利用しない地元の人が、「こちらのほうが家の近くで買い物できるから」と利用したり、「服は駅前が品数豊富だけど、食料品はデパ地下のほうが安い」と使い分けたりできたはずです。

多様性が失われて、いよいよポートランドのような生産性の高い街づくりとはかけ離れてしまい、少し残念な気がします。

大手デベロッパーのなかにはただかっこいい街づくりを目指すだけでなく、「長期的な活性化という視点が街づくりには必要だ」と気がついている会社もあるようです。そういう会社もポートランドへ視察に行っています。今後の日本の街づくりに期待したいものです。

◎「わかっている」と「やってみる」はまったく異なる

私が「がんばらない効率化」を勧めるときに一番悩むのは、頭で理解してもなかなか感情ではわかってもらえないことです。たとえば、巻頭クイズで紹介したような皿洗いの方法を「いままでの洗い方より確実に20％は速くなりますよ」と話しても、後日「試してみました」と言ってくれる人はほとんどいません。

いろいろな理由があると思います。「いまの方法が小さいころ親に教わった洗い方だから」「もう習慣になっているから変えられない」とか、「理屈ではわかるけど、実践的じゃないと思うんですよね」と首を傾げる人もいます。

そんな方のために、第3章では動画をふんだんに用意しました。ぜひ、ご自身の目で確かめていただきたいのですが、ここではその前に「なぜ人は、習慣を変えられないのか？」ということについて触れたいと思います。
「現状維持バイアス」や「現状維持機能」という言葉をご存じでしょうか。これは米国の経済学者（リチャード・ゼックハウザーとウィリアム・サミュエルソン）が１９８８年に発表した論文の中で用いた言葉で、ざっくり言えば「人間は現状維持を好む傾向がある」というような意味です。それまで行ってきた行動や方法にさして不自由を感じていなければ、あえて変えようと思わないのが人間本来に根づいた心理なのでしょう。リスクを冒して新しいことをするよりも、現状維持を選ぼうとする習性は生存本能の一部とも言えそうです。

その気持ちは私もわかります。立場を入れ替えれば同じように「皿洗いはこの方法に慣れているから」と思うかもしれませんし、あるいは、自分がやってきた方法を否定されている気持ちになるかもしれません。しかしだからこそ、私たちは現状維持を選びやすい本能を自覚することが大切なのではないでしょうか。

ガリレオ・ガリレイは、牢屋に入れられても地動説を曲げませんでした。山中伸弥博士はｉＰＳ細胞の開発に成功するまで、周囲の理解を得られずに苦しんだ時期があると言います。現状維持バイアスを打破することにより、人類は進化してきたと言っても大げさではありません。

幸い「がんばらない効率化」は、牢屋に入る覚悟がなくても実践できるレベルの行動改革です。職場でも家庭でも、何らかの仕事や作業をするときに「モノは試し」の感覚で始められます。能力主義・成果主義の浸透や働き方改革の推進など、外部環境は変化し続けています。その変化に対応することは、リスクを減らすことにもなります。

一度しかない人生です。どうせならガリレオになりたいですね。

「がんばらない効率化」に足を踏み入れてみませんか？

第2章

「がんばらない効率化」で未来は変えられる

私は現在、9つの会社を経営しています。M&Aの経験は6回ほどあります。社長業だけでけっこう時間を取られていますが、中小企業診断士の資格を生かして数社のクライアントのコンサルタントも務めています。エンジニアのようにVBA（Microsoft Officeの操作や処理を自動化できるプログラミング言語）やPythonでプログラミングもします。

週2回は農業もしています。私が管理しているのは2000坪の山です。

そんな毎日なので、「お忙しいでしょう?」とか「諏訪さんは忙しい方だから」と気を使っていただくこともありますが、実は自分が忙しいと感じることはあまりありません。

おそらく「がんばらない効率化」を実践しているおかげです。

「がんばらない効率化」を実践するだけで、少なくとも20%ぐらいの時間は得をしていると思います。かなり多くの仕事量をこなしている自信はありますが、あくせく働いているわけではありませんし、むしろ余裕をもって働いていると感じます。

会社の仲間たちとワイワイ話しながら仕事をすることもあります。どうも性格的に調子に乗りやすく、「ちょっと盛り上がりすぎたかな」と反省したりする毎日です。

本章では私の経験をもとに、「がんばらない効率化」によって得られるものの具体例を紹介しましょう。

◎効率化すればとにかく「時間」が増える

１日は24時間、８万６４００秒です。私は、毎日７時間は眠りますので、起きているのは17時間ということになります。17時間の20％は３・４時間。つまり約３時間半が、私の生活のなかで「がんばらない効率化」が生み出してくれた時間です。

朝は５時に起き、その時々に最も時間のかかるテーマの勉強や作業をします。

たとえば現在は、この本を書いています。スラスラ書けてもう少し続けたいときも、１行も書けないでウンウン唸《うな》っているときも、毎朝５時から６時半まで１時間半、きっちり時間を限定してパソコンに向かいます。反対に、この時間帯はほかのことをしないということです。たとえ原稿より納期の迫った何かがあったとしても、そちらを優先させて原稿書きを休むようなことはしません。

本書を書き始める前は、一般社団法人日本ディープラーニング協会が認定するＧ検定の勉強をしたり、Ｅ資格の勉強をしたりしました。Ｇ検定は「ディープラーニングの基礎知識を有し、適切な活用方針を決定して、事業活用する能力や知識を有しているかを検定する」、Ｅ資格は「ディープラーニングの理論を理解し、適切な手法を選択して実装する能力や知識を有しているかを認定する」というものです。

私は文系の学部出身ですので、統計学から学び始めるのはとても大変でしたが、G検定もE資格も無事に合格することができました。

VBAの勉強をした時期もあります。最初は、モノは試しでプログラミングを実践して頭を抱えたり、YouTubeなどの動画を見て参考にしたりと試行錯誤の連続でした。それでもなんとか独学に成功しました。いまでは会社のメンバーにも勉強してもらい、社内の8人がVBAでプログラムを書けるようになりました。

この時間帯でPythonの勉強やデータ分析をすることもあります。発注予測のアプリも作成しました。

勝因はすべて、「がんばらない効率化」です。

私はこのように日曜日から土曜日まで、同じ時間帯を横につなげる感覚でスケジュールを管理しています。そのほうが、継続的に大切なことや、しなければならないことを進められるからです。夏休みの宿題と同じですね。「時間ができたら、まとめてやろう」「そのうち丸一日、原稿を書く日をつくろう」などとためておくと、結局、いつまで経ってもろくに進められません。「そろそろ手をつけなくては」「もう間に合わないかも……」と余計な心労がかかるばかりです。

本を出すと決めたら毎朝1時間半ずつ、何がなんでも原稿書きと向き合う。「ためない」「まとめてやろうと思わない」で行い続ける。

毎日の習慣にすると、日中でも「自分はいま本を書いている」という意識が頭の片隅に残るようになります。仕事の合間に「この部分も『がんばらない効率化』の成果の一つだな」と気づいてメモしたり、家でテレビを見たりしながら「インパクトのある呼び名を付けると意味が伝わりやすいな」などとヒントを得たりします。

そうするうちに原稿を書いたり、そのために考えを巡らすことが楽しくなってきます。義務のように思っていたことが、楽しみに変わったらこっちのものです。

「5時からパソコンに向かうなんて、単に早起きしているだけだろう」と思った方はいませんか？　時間帯はいつでもいいのです。私の場合、夜は早く寝て、朝に自分の時間をもってくるほうが集中できるからそうしているにすぎません。

早く寝るには、早く帰宅することです。そして早く帰宅するには、その日の仕事を早く終わらせることです。会社でも「がんばらない効率化」を実践しているため、早く仕事を終わらせて、早く家に帰ることができるわけです。

私の毎日の生活のうち、約3時間半が「がんばらない効率化」によって生み出されたものだと前述しました。朝5時から始める自分だけの勉強や作業は6時半までの1時間半ですから、まだ2時間が余っていることになります。その2時間が私のゆとりの時間です。

自由に使っていいのですが、何をするでもなく、ぼーっと過ごしていることが多い気がします。

人間、ぼーっとする時間も大切ですよね。がんばりすぎて余裕のない毎日を続けていると、睡眠不足のときのように頭が働きにくくなってしまうのではないかと思います。

社内にも「がんばらない効率化」はだいぶ浸透しました。まだ道半ばではありますが、「がんばらない効率化」が会社にもたらしてくれたもの、それはやはり、なんといっても時間です。

私たちのグループには卸売業の会社があります。ここは商品を自社配送で千葉県内のお得意様に供給しています。数年前まで、この部門には効率の悪い部分がたくさんありました。業務の流れとしては「注文を受ける→ピッキング（注文品を倉庫から運び出す作業）する→伝票を発行する」という単純なものですが、さまざまなところで作業が詰まりやすかったのです。

その結果、本社の倉庫からすべての配送車が出発し終わるのは11時30分ごろになっていました。始業は8時30分ですので、ピッキングをして、伝票発行をして、出発するまでに3時間を費やしていたことになります。終業の17時30分には会社に戻らなくてはなりませんから、配送にかけられる時間は6時間です。1車が10社程度のお得意様を回って配送しますし、その間に休憩も必要です。

それが「がんばらない効率化」を実践した現在では、10時ぐらいまでに全車が出発できるようになりました。３時間かかっていた準備時間が１時間半短縮できました。その分、配送して回る時間が６時間から７時間半へと、実に25％も増加したのです。

配送にかけられる時間が増えれば、もっと多くのお得意様のところへ回れるようになります。訪問先で商談をする時間的にも、運転にも余裕が生まれます。

これは私たちにとって画期的な変化でした。

◎人員減なのにムリなく売り上げアップ

時間以外の成果もいくつか紹介しましょう。

グループ内には卸売会社がもう１社あり、こちらは千葉県外に商品を供給します。配送は運送会社にお願いしています。前日に受注した商品をピッキングし、伝票発行するまでは自社配送の場合と同じですが、運送会社が商品を集荷に来るので、その商品を置いておくスペースが必要になります。

以前はそのスペースを確保するのが難しく、商品が軒下の先まではみ出していましたので、雨の日などは濡れないようにするのが大変でした。もとより倉庫内は通り道をふさぐほど混雑してしまうし、一時は屋根を延ばす工事をするしかないだろうと社内で話し合ったものです。しかし工事には、おおよそ３０００万円の資金がかかります。

それが「がんばらない効率化」のおかげで、工事せずとも倉庫のスペースが広がりました。いまでは商品の置き場所に苦慮することなく、運送会社の方もわが社のスタッフも快適に作業を進めることができます。

「がんばらない効率化」は、M&Aをした会社のテコ入れでも効力を発揮しています。ある佃煮の会社をM&Aしたときは、私たちが佃煮の製造に不慣れということもあり、1年間はそれまでと同じやり方で製造をしていました。しかしコロナ禍になり、急激に製造量が減少したため工場を統合することにしました。佃煮工場を味噌工場の空きスペースに移動したのです。それを機に「がんばらない効率化」にやり方を変更すると、製造に必要な人数がそれまでの16人から12人に減りました。しかも製造終了時間が1時間ほど早まったので、人数で25%、時間で12・55%を削減できたことになります。

私たちのグループの経理担当者は一人です。全部で9社ありますから、けっこうなボリュームになります。しかしコロナ禍で週4勤務にしたときも、残業することなく、全部をいつもどおりにこなしていました。これには同僚たちも私も驚きました。

もともと担当者の能力が高いのはもちろんですが、すでに導入していた「がんばらない効率化」の力でもあると思います。

コロナ禍が始まった2020年はとても苦戦しました。千葉県は2019年の大型台風で大打撃を受けたため、県内の生産物を多く扱う私たちは、その傷も癒えないままコロナ禍に突入したような状況でした。

その年は売り上げも大幅に減少しましたが、翌2021年には、グループ全体で過去最高益を達成することができました。その際に講じた経費削減などの対策も、根幹に「がんばらない効率化」の考え方があったからこそできたことです。

「がんばらない効率化」は、会社の体質を変えます。

生み出された時間によって残業せずに帰ることができると、身体が楽になって、働くみんなの健康状態がアップします。時間的な余裕は、職場におけるコミュニケーションの円滑化にもつながります。同時に会社は利益が増えます。しかも売り上げが伸びるスピードより、人件費が増加するスピードのほうが遅くなります。その結果、一人あたりの給与を上げることができます。

会社にとっては安い人件費、個人にとっては高い給料。この一見矛盾したことの実現が、「がんばらない効率化」によってもたらされているのです。

ミニマリストは理に適う

「ミニマリスト」という言葉をよく聞くようになりました。昔は片づけというと収納に主軸を置いたものが多かったと記憶しますが、ミニマリストや断捨離という言葉が出てきてから、こっそり捨てて持ち物を少なくすることを勧める内容が増えたようです。

私もミニマリストとまでは言えませんが、ほかの方に比べると、個人で所有するものが極端に少ないと思います。1年間着なかった服は捨てるとか、ペンは1本しか所有しないなど、ミニマリストや断捨離が勧めているようなことは以前から行っていました。財布も「世界一小さな財布」と謳《うた》う品を使用しています。カード5枚、お札9枚、硬貨999円分を入れると窮屈になる大きさです。お札や硬貨を使ったら補充すればいいだけなので、不自由を感じたことはありません。

むしろミニマリスト的生活は、私にとって非常に快適です。

まず、モノが少ないので掃除が早く終わります。何かを横にどけて掃除機をかけたり、拭《ふ》き掃除をしたりする時間が短縮されます。着替えるときもたくさんの服から選ぶのではなく、限られた少ないもののなかから選ぶので簡単です。その分、新しい服を買うときは「本当に必要だろうか？」「手持ちの服に合うだろうか？」とよく吟味《ぎんみ》します。

ワードローブが少ないということは着回し重視になりますから、品質のよいもの、長く着ても傷みにくいものを選びます。必然的に少々高い服になりがちですが、ブランド価値には興味がありません。

「がんばらない効率化」で成果を得たときの爽快感は、ミニマリスト的生活の心地よさに似ています。

仕事の工程を見直し、作業方法や手順を改変する。その過程には取捨選択の迷いや、これまでずっと続けてきたことを刷新しなければならない悔しさ・寂しさが伴うかもしれません。

しかし、その先にあるのは理に適《かな》った形で仕事をすることの快適性です。最小限の労働と時間でそれまで以上の成果を上げると、必要なモノだけで暮らすミニマリストのように、スッキリと晴れやかな喜びを感じることができると思います。

第3章
「がんばらない効率化」に必要な5つの型

◎「がんばらない効率化」は5つの型でできている

テレビなどで動物の世界を見ていると、とても興味深いことがあります。木の実を食べているサルは、木の実を一つ取って食べ、また一つ取っては食べを繰り返します。ある意味、これはとても効率がよいと気がつきました。農作業なしで収穫し、料理もなしで食事ができる。後片づけもなし。おそらく大昔の人間も、このように木の実を食べていたのでしょう。

しかし、木の実がない時期もあります。ずっと安心して食事をしたいと考えた人間は、まとめて収穫をするようになりました。すると、それを保管する場所が必要になります。やがて畑を耕し、自分たちで収穫をコントロールするようになりました。農作業には道具が必要ですし、収穫物が多いほど保管する倉庫も大きくしなければなりませんが、これで食事に関しては、以前よりはるかに安心して暮らすことができます。

ところが倉庫に食べ物があることがわかると、ほかの部族が奪いに来るようになりました。蓄えを巡って攻防が始まります。これが戦争です。

「うばい合えば足らぬ　わけ合えばあまる」という相田みつをの言葉がありますね。本当にそうだと思います。

分け合って共存することもできたかもしれないのに、奪い合うときは必要のない分まで奪おうとしがちです。負けた部族は根こそぎもっていかれ、勝った部族も戦いによって何らかの損失を被《こうむ》る。戦乱の世が続けば誰も安心して生活することはできません。

それより分かち合えばいいのです。部族と部族の間で物々交換が生まれました。収穫物をよそへ運搬することで物流も出来上がりました。

争いが起きないように、リーダーも出現します。それが政治となります。

ここまでくると、一人ですべてをこなすのではなく、みんなで手分けして物事を進める「分業」が当たり前になってきます。畑で作物をつくる人、農耕具をつくる人、作物を運ぶ人、運ぶ道具をつくる人。なかには一人二役、複数の仕事を兼任する人もいるでしょう。

世の中は分業で成り立っています。コンビニでお弁当を買って食べるという行為も、背景にはさまざまな人による分業があります。人間社会が分業によって発展してきたことは間違いありません。

しかし、ちょっと考えてほしいのです。先ほど出てきたサルは、木の実を食べるとき以外は何をしているのでしょうか？　座って、毛づくろいして、遊んで、移動して、ケンカして、寝て、排泄して、交尾して……。群れをなしてはいますが、分業らしいことはしていません。

そして明らかなのは、サルよりも人間のほうが忙しいということです。しかし、サルは人間よりも本当の意味で生きる術《すべ》を知っています。人間は分業で豊かさを手に入れたのと同時に、失ったものも多くあります。それは生きていく術です。風を読む力、食にありつく力、何かを察知する力などですね。

もう一つ失ったもの。それは時間です。分業をすることにより、忙しくなっていきました。分業は手分けして楽になるはずなのに、どんどん忙しくなっていったのです。

世の中では人手不足が叫ばれています。おかしいと思いませんか？　動物の世界では起きない現象です。サルの世界で、働くためのサルが足りないなどと聞いたことがありません。

人間の社会でも人口が多くなろうが少なくなろうが、働いた量と消費する量との間に、それほどギャップが生じるものでしょうか？

行きすぎた分業により、かえって世の中の生産性が低くなっているのではないでしょうか？　雇用のミスマッチが起きたり、失業者が増えたり、人手不足が深刻化したりするのも、行きすぎた分業の結果ではないかと感じます。

過度な分業が人類を忙しくしています。実は、分業の癖が一人ひとりに染みついているのです。

「がんばらない効率化」には、次の５つの型があります。

・一の型　一人分業からの一気通貫変換法
・二の型　複数人分業からの一気通貫変換法
・三の型　大から小に変換法
・四の型　時間ピボット法
・五の型　ボトルネック解消法

実際には、これらを組み合わせて使うケースも少なくありません。

そして共通の目的は「分業をできる限り減らす」こと、その結果として「ためない」「まとめない」を実現することです。

次項からそれぞれの型についてお話しします。

一の型

一人分業からの一気通貫変換法

◎皿洗いは、AとBどちらの方法が早く終わるか

「分業」には大きく分けて2つのタイプがあります。一つは一人で行う「一人分業」、もう一つは複数の人で行う「複数人分業」です。

まず一人分業はどのようなものかというと、たとえば食事のあとに、使った食器を洗うときのことを思い浮かべてください。あなたは日ごろ、どのように洗っていますか（巻頭のクイズ：1問目）。

A．すべての皿を洗剤で洗い、終わったらすべての皿をすすぐ

B．1枚ずつ皿を洗剤で洗い、すすぐ。これを枚数分、繰り返す

多くの方が、「Aの方法」と答えるのではないでしょうか。私の身近な範囲のリサーチ

では、圧倒的にAが優勢です。ほぼ８割を超えています。

では、どちらが早く洗い終わると思いますか？

「Aのほうが効率的で早く終わると思うから、Aでやっている」という答えが聞こえてきそうですが、実はBのほうが早く終わります。

「百聞は一見に如かず」です。**動画1**をご覧ください。

動画1

いかがでしょうか。８割の人の予想に反して、Bの勝利です。しかもタイム差は26秒。けっこう差がついたと思いませんか？　この結果は「BはAより20％生産性が高い」と言い換えることができます。

実はAが「一人分業」にあたります。一人でする皿洗い作業を「洗剤で洗う作業」と「すすぐ作業」に分けて行っている、という意味です。

対するBは「一気通貫《いっきつうかん》」です。１枚の皿を洗剤で洗ったら、すすぐ作業まで一気に済ませてしまう方法です。

皿の数はどちらも10枚、洗うスピードも一定です。

なのになぜ一気通貫のほうが早かったのかというと、一気通貫は泡のついた皿をシンク（流しの水槽）に「ためていない」からです。

一人分業は泡のついた皿をいったんシンクに置き、まとめてすすぐまで、そこにためています。ためるということはつまり、1枚につき洗うときとすすぐときの2回、「手に取る」と「置く」の動作を行っているのです。

図5を見るとわかるように、一人分業は一気通貫より皿を「置く」と「取る」の動作が多い分、時間も多くかかってしまいます。

「でも一気通貫のほうは、水道の蛇口を開けたり閉めたり、スポンジを置いたりもったりといった作業の分だけ、余計な時間がかかるでしょう?」という反論によくあいます。

しかしご覧のとおり、それらにかかる時間は、一人分業で余分に行う「置く」「取る」の作業の総時間より短いのです。

それに、この動画には出てきませんが、シンクに置く皿の数が多くなったときは置き場所を考えたり、先に置いた皿を移動させてスペースをつくったりする必要があるかもしれません。

このように「ためて、まとめて行う」というデメリットが付いて回る一人分業は、時間と手間がムダにかかってしまうわけです。

図5　皿を洗う方法の違いで生じる時間差

● 皿洗い5枚の場合

一人分業

動作	秒
皿を取る	1
洗う	3
皿を置く	1
皿を取る	1
洗う	3
皿を置く	1
皿を取る	1
洗う	3
皿を置く	1
皿を取る	1
洗う	3
皿を置く	1
皿を取る	1
洗う	3
皿を置く	1
皿を取る	1
すすぐ	3
皿を置く	1
皿を取る	1
すすぐ	3
皿を置く	1
皿を取る	1
すすぐ	3
皿を置く	1
皿を取る	1
すすぐ	3
皿を置く	1
皿を取る	1
すすぐ	3
皿を置く	1
合計	50秒

一人分業の一気通貫変換法

動作	秒
皿を取る	1
洗う	3
すすぐ	3
皿を置く	1
皿を取る	1
洗う	3
すすぐ	3
皿を置く	1
皿を取る	1
洗う	3
すすぐ	3
皿を置く	1
皿を取る	1
洗う	3
すすぐ	3
皿を置く	1
皿を取る	1
洗う	3
すすぐ	3
皿を置く	1
合計	40秒

一人分業	一人分業の一気通貫変換法
50秒	40秒

10秒の差が出ました。
一人分業の一気通貫変換法が20%早いです

◎ 皿の洗い方だけで時間の差がつく理由

動画で皿洗いにおける一人分業と一気通貫の差をお見せすると、反応は、ほぼ次の3つに分かれるようです。

① 「今日から皿洗いは脱一人分業でやってみよう」と決意する
② 「でも私は、いままでの洗い方に慣れているから」と受け流す
③ 「皿洗い以外のシーンでも、このことを応用できることはないか？」と考える

皆さんはどのタイプでしょうか？　ぜひ③の考え方をもっていただきたいものです。

特に私と同じように製造や物流に関連するビジネスに携わっていらっしゃる方は、いろいろな場面でこの「一人分業からの一気通貫変換法」を有効活用できると思います。

たとえば一人分業（A）でいったんシンクに置いた洗剤付きの皿、つまり洗いかけの皿は、ビジネスの世界では「仕掛品」にあたります。仕掛品とは、まだ製造工程の途中にあって未完成のもの、つくりかけのものを指します。一人分業では、途中で5枚の仕掛品ができました。一方、一気通貫（B）のほうは最大で1枚でした。それも瞬間的です。

この差が作業時間の差になっています。仕掛品ができる過程において、また仕掛品を処理する過程において、前述の「置く」「取る」という余計な仕事が発生しているせいで多くの時間がかかるのです。

ビジネスの世界では「在庫は少ないほうがよい」とされていますね。仕掛品は在庫に含まれるので、その意味でも洗いかけの皿という仕掛品が多い一人分業より、一気通貫のほうに軍配が上がります。

◎洗濯物を取り込んでたたむ場合

次は洗濯のシーンで考えてみましょう。現代の洗濯は洗濯機がやってくれますから、そのあとの取り込んでたたむ工程に注目して考えていきます。

ハンガーにかかった10枚のTシャツを思い浮かべてください。そのTシャツをハンガーごとラックから取り、ハンガーをはずして折りたたみます。折りたたむための作業台は、ラックのすぐそばにあります。

この場合、AとBとでは、どちらが早く10枚のTシャツをたたみ終えるでしょうか？

A．ハンガー10個をラックから取り、いったん台の上に置いて全部のハンガーをはずす。そのあと全部のTシャツをたたむ

B．ハンガー1個をラックから取り、ハンガーをはずしてTシャツをたたむ。それを10回、繰り返す

先の皿洗いの動画を見た方は、もうおわかりですね。効率がよいのはBです。こちらも動画があるのでご覧ください。

動画2

動画では、BのほうがAより30秒早く作業が終わりました。つまり「BはAより27％、生産性が高い」ということになります。

◎郵便物を開封して中身を取り出す場合

郵便物を開封し、中身を取り出す仕事があったとします。郵便物は全部で10通、道具ははさみ。このとき皆さんは、どのように作業しますか？

A．はさみで10通すべてを開封し、そのあと10通すべての中身を取り出す

B．はさみで1通を開封して中身を取り出す。これを10回、繰り返す

動画３

動画のとおり、BはAより15秒早く作業が終わりました。「BはAより15%、生産性が高い」という結果です。Tシャツをたたむのも郵便物の開封も、皿洗いのときと同じようにAが一人分業、Bが一気通貫です。

一人分業は一生懸命、仕掛品をつくってしまっています。前述のように、この仕掛品が曲者《くせもの》なのです。

この理屈がわかっていれば、多くのことに応用できます。封筒の中身を取り出す仕事を、特段がんばることもなく、ほかの人より15%早くできるとしたら、会社の仲間にも「あの人は仕事が早い！」という評判が立つこと間違いなしです。

◎数種類の会議資料を配布する場合

私はよく、会合とかセミナーに参加することがあります。そこで配布物を配っている場面に出くわします。ここでも「いろいろなやり方があるものだな」と感心します。

あなたがセミナー主催者に3種類の配布物を渡され、「セミナーが始まる前に、参加者10人の席に配っておいてください」と言われたとします。どのように配りますか？　配布物それぞれの名前は「配布物①」「配布物②」「配布物③」としましょう。

A．あらかじめ配布物①、配布物②、配布物③を一組にしてから10席に配る

B．配布物①を10席に配る、次に配布物②を10席に配る、そして配布物③を10席に配る

これも動画を用意しました。ご覧ください。

動画4

効率的なのは一気通貫のBですね。24秒の差がつき、「BはAより25％生産性が高い」

という結果になりました。

この理屈も仕掛品で説明できます。3種類の配布物を一組にしたとき、仕掛品が発生しています。仕掛品をつくり、仕掛品をいったん置く。そして仕掛品を再び手に取って、10席に配る。その作業は仕掛品をつくらなければ発生しない仕事です。このちょっとした一人分業が、セミナー会場や会合では頻繁に繰り広げられています。

時間というのは流れます。待ってくれません。スポーツの「タイム！」と違って、どんな状況だろうと残酷なほどに時間は流れていきます。そして時間は誰にも平等です。ちょっと工夫し、一人分業をやめるだけで、とても効率的になります。

このちょっとの差が、積み重ねで膨大な時間を生み出すのです。プライベートでも仕事でも、ぜひ試してください。「〇〇さんは、仕事が早いよね」と言われるはずです。

「一の型：一人分業からの一気通貫変換法」のまとめ

◎「仕掛品をためる→まとめてやる」の一人分業は非効率

◎「始めた作業を最後まで終わらせる」の一気通貫作業に変更して効率化を

COLUMN

茄子のヘタ取り

余談ですが、もう一つ、事例を紹介したいと思います。

私たちの工場では大量に茄子を使用します。工場でつくる金山寺《きんざんじ》味噌（なめ味噌の一種）に茄子が入っているからです。その茄子の「ヘタ」を取る作業があり、従来はヘタを切り取って、作業台にヘタがたまったらまとめて捨てるという方法を採っていました。

どうすればもっと効率的に作業できるかを考え、ヘタを切り取るたびに捨てるという方法に変えました。作業の比較を動画に撮りましたのでご覧ください。

動画５

A．10個分のヘタをため、まとめて捨てる
B．ヘタを切り取るたびに捨てる

それまで行っていたＡの方法をＢに変えた結果、同じ時間の作業量が１・２倍に増えました。Aの動画では、切り取った茄子のヘタをためていきます。そのヘタが邪魔なのでしょうか、包丁で何度も何度も触っています。どかすのならわかるのですが、たまに意味もなく触っています。たまっていく茄子のヘタのことが、気になって仕方ないようです。

いままで、さまざまな実験をしてきました。往々にして「がんばらない効率化」のほうが、私が予想したよりも、あるいは理屈よりも早く終わる、あるいはたくさんつくれることが多いのです。それは、このちょっとした行為が少しずつ蓄積し、大量の時間となって表れているのではないでしょうか。

翻《ひるがえ》って、私たちの生活です。現代社会は、ものがあふれ返っています。ちょっと油断すると、家のなかにたくさんのものが散乱しています。その大量のものに、知らず知らずのうちに気がいっています。まったく気にしていないつもりでも、実は気になっていると言ってもいいでしょう。どかしたり、触ったり、よけたりしているはずです。大量の服から一つの服を選ぶのに、タンスのなかをかき回すのは、どかしたり、よけたりしているのです。

まったく気にしていなくても気がいっている状態では、やはり「がんばらない効率化」とは相性が悪く、効率化のためにアイディア満載の収納家具を買い、さらにものが増えていくという負のスパイラルにも陥《おちい》ります。

江戸時代の生活を想像してみてください。江戸時代の生活はとてもシンプルで、家のなかにものがあふれているようなことはなかったと思います。といってもドラマや映画でしか見たことはありませんが、想像するに、ものが少なかったので掃除もとても早く終わったはずです。

江戸時代に戻ることはできませんが、家のなかのものを少なくし、シンプルにすることは、利点のほうが多いような気がしてなりません。この江戸時代に近い生活をしているのが、先ほどお話ししたミニマリストの方々です。

ミニマリストと言ってもさまざまな考え方があり、自分ルールがあるようです。ミニマリストがどんどんものを少なくするのは、そのほうが効率的だからです。そしてものが少なくなると、不要なものに気がいかなくなるからです。すると思考もすっきりし、とても心地よいということになります。

二の型
複数人分業からの一気通貫変換法

一の型は一人分業についてでしたが、二の型は、ほかの人と一緒にする分業についてです。

家庭でも、職場でも、学校でも、ほかの人と協力しながら仕事を進めていくことがよくあります。実はこのときに分業をすると、とたんに効率が悪くなります。1＋1は2ですが、ほかの人と分業すると、仕事の進み具合は1＋1が1・8とか、場合によっては1・2ぐらいになることも珍しくありません。

日本人は協調性を求めがちです。協力して何かするときに自分だけ何もしていないと、協調性がないように感じてバツが悪くなったりしないでしょうか。そういうとき、人の仕事を分業にして自分も加わり、余計な仕事を増やしてしまう傾向があります。

一人分業に用いた「一気通貫変換法」は、複数人の分業を改善するときにも有効です。

さっそく具体例を見ていきましょう。

◎バケツリレーすればするほど非効率

バケツリレーは複数人で行う分業の代表例ですね。「バケツリレーの要領で作業しよう」と言うと、ほとんどの人は「ああ、あの方法ね」と察しがつくと思います。

第1章で書いたやぐらを組む大人たちの話も、パイプを運ぶ大人たちがバケツリレー方式で作業をしていた、という内容でした。それがなぜ効率の悪い作業方法なのか、詳しくご説明していきます。

段ボール10個を２人で、10メートル先まで運ぶとします（巻頭のクイズ：２問目）。

A．一人が中間地点まで運び、もう一人がそれを受け取って最終地点まで運ぶ

B．２人とも、それぞれ10メートル先まで運ぶ

どちらが早いでしょうか。動画があるのでご確認ください。

動画6

正解はBですね。意外でしたか？　予想どおりでしたか？

Aは「複数人分業」、Bは「一気通貫」の作業方法です。複数の人がいると、協力して作業する分業のほうが効率的と思いがちですが、これでは「協力して、かえって時間がかかった」という残念な結果になります。

「2人なら分業しても、一人のときとさほど変わらないだろう」と思われる方がいるかもしれません。

では3人ならどうでしょうか？　これも動画を用意しました。

動画7

もう、時間がかかりすぎて笑うしかないですよね。でもこれ、大真面目にやっています。

ダメ押しに、5人バージョンも用意しました。

動画8

みんな距離を進めることより、段ボールを受け渡しすることに大わらわのようです。

けれども、このようなバケツリレー方式を、いろいろな場面で目撃しませんか？
荷物を運ぶとき、荷物を下ろすとき、荷物を積むとき――たくさんの人数がいるシーンでは、特に採用されることが多いようです。

「一の型：一人分業からの一気通貫変換法」を読んだ方はもうお気づきでしょうが、複数人分業の場合も一気通貫で行ったときより、動作の数が多くなります。そしてその分、多くの時間がかかってしまいます。

たとえば、**動画6**の複数人分業（A）では、10メートルを運ぶ間に、一人が段ボールを「もち上げる」という動作ともう一人に「渡す」という動作を行っています。受け取った人は、「受け取る」という動作と最終地点に「置く」という動作を行っています。足すと4つの動作で、段ボールの数は10個ですから、4×10個分で合計40の動作が発生しています。

一方、一気通貫の作業（B）の場合は、2人とも段ボールを「もち上げる」動作と「置く」動作の2つだけで段ボール1個を運び終えます。動作の数は2×10個分で合計20となります。この差が作業の所要時間に影響を及ぼすのです。

なお、**動画6**（A）では段ボールを手渡ししています。

ですが実際には手渡しではなく、一人が中継地に段ボールを置き、もう一人がそれをもち上げて最終地点まで運ぶ、というケースが多いのではないでしょうか。

そうなると「渡す」が「置く」と「もち上げる」という2つの動作に分かれるので、動作の数は4×10個分の40とさらに増えます。

実際の複数人分業で手渡しのケースが少ない理由は、参加している人たちの作業速度が一定とは限らないからです。

もし渡すほうが受け取るほうよりスピーディーに動いていたら、手渡すためには中継地点で、相手を待たなければならないかもしれません。そうなると、「待っている時間がもったいない」と感じて、渡すほうは段ボールを中継地点に置き、次の段ボールを取りに戻るのではないでしょうか。すると「渡す」の動作が、「置く」と「もち上げる」の2つに分かれてしまい、動作の数が増えた分だけ、余計な時間がかかります。

どちらにしても、ムダな時間が発生してしまう――これが複数人分業におけるジレンマです。

しかも困ったことに、中継地点にたまった段ボールが別の問題を引き起こします。人がたまったものを気にしやすいことは、一の型でも書きました。「これ以上たまったら段ボ

図6　バケツリレーによって生じる時間差

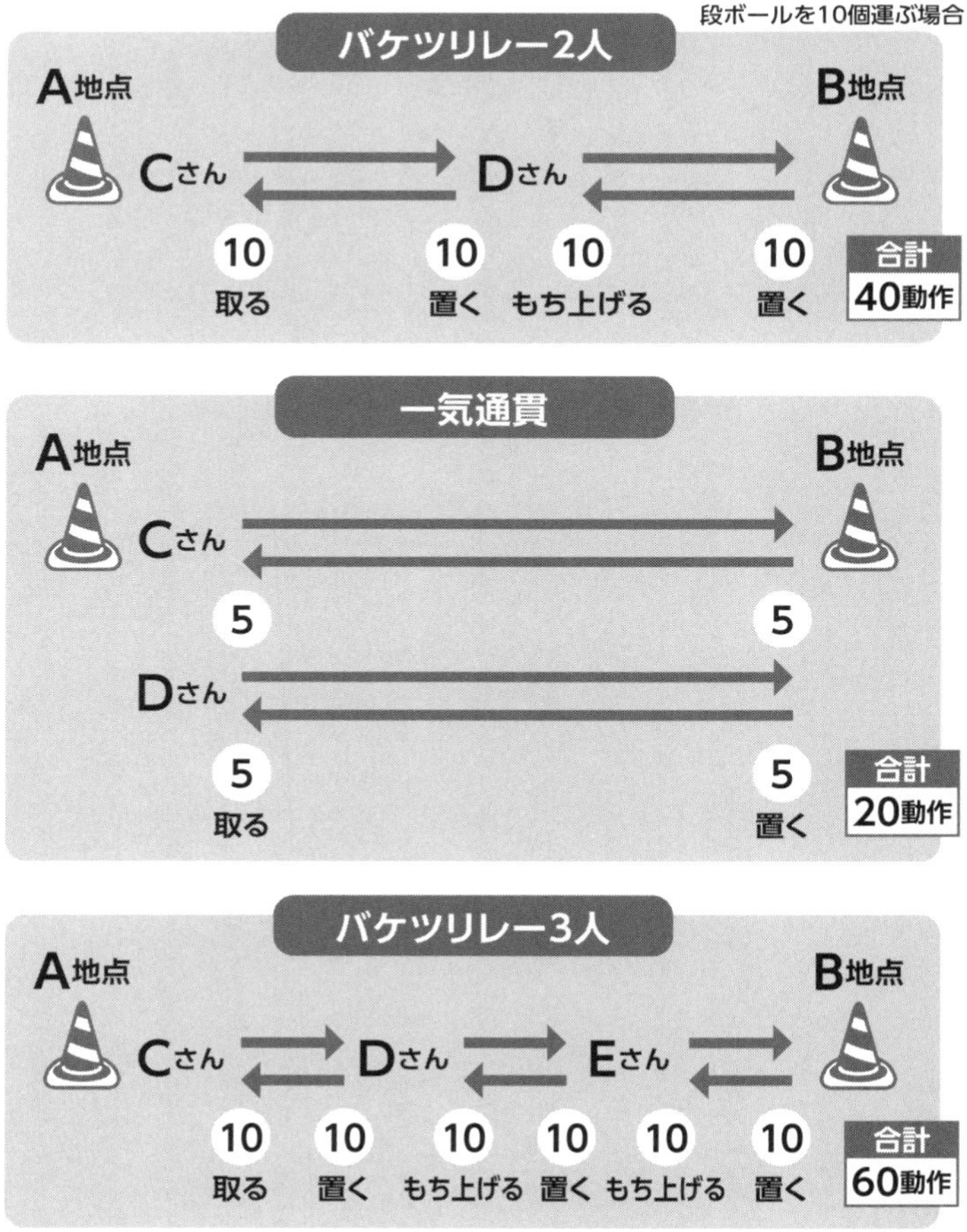

バケツリレー方式では、作業の量が増えることがわかります

ールの山が崩れてしまうのではないか」と考えて整頓しようとしたり、「作業の邪魔になるかもしれない」と移動させようとしたり、そればかりか無意味に触りたくなったりもします。

個々で一気通貫の作業をするとき、ものはたまりません。つまり仕掛品はほぼゼロです。

幼いころの弟と私が手伝った餃子づくりのように、一気通貫の作業では「Aさんが6個を運ぶ間にBさんは4個しか運べなかった」とか「CさんはDさんの倍も働いた」など、仕事の速度に差が生じることもあります。けれども、全員が効率よく、自分の能力に応じた成果を上げることのほうが大切です。それをよしとするのが、本当の意味で「協力して働く」ということではないでしょうか。

そのような考えから、私たちの会社では一人分業や複数人分業を極力なくしました。もちろん仕事の現場には、たくさんの制約や条件が存在します。ですから一定量の分業は必要と考えますが、必要以上の分業は効率を悪くするのです。

◎稲刈りを全員でするか、分担するか

私は週に２回、農業もやっています。といっても２日間丸ごとではなく、１回につき数時間程度の作業です。

みかんや梅を中心に、グループ会社で使用する原材料を主に出荷しています。そのほか、家庭菜園的に枝豆、そらまめ、かぼちゃなどを育てています。そして、家族で食べる分だけですが、田んぼをお借りして、毎年お米も栽培しています。田んぼは２畝《せ》（約２００平方メートル）ととても小さく、田植えは手植え、稲刈りも手刈りです。

ある年の稲刈りの日、ちょっとした実験をしました。田んぼ半分ずつで、稲刈りの方法を変えてみたのです。

先に結果をお伝えすると、前半の半分は３時間かかりましたが、後半の半分は２時間で終わりました。どんなやり方だったと思いますか？　作業人数はどちらも３人です。

前半の半分、つまり３時間かかったほうは、次のように進めました。

①　一人が稲を刈る。３株を刈るごとに一束にして、近くに置く

②　ほかの２人が置いてある稲の束を拾い、藁《わら》ひもで結ぶ

③　稲を刈り終わった一人は、ほかの２人に合流して結ぶ作業をする

この方法で午前中9時から正午まで、3時間かかりました。

実は作業した3人は、妻と息子と私です。昼に3人でお弁当を食べながら、私は午後の作業に向けて作戦を練りました。午前中のやり方はどう考えても効率が悪い、午後はこの方法でいこうと新しい手順を提案したのです。

妻と息子は半信半疑でしたが、「お父さんを信じてくれ！」の一言で話に乗ってくれました。それは次のような方法です。

① 一人が稲を刈る。3株刈るごとに一束にして、ほかの2人のうち一人のところへもっていって手渡

図7 稲刈りでの一般的な一連の作業

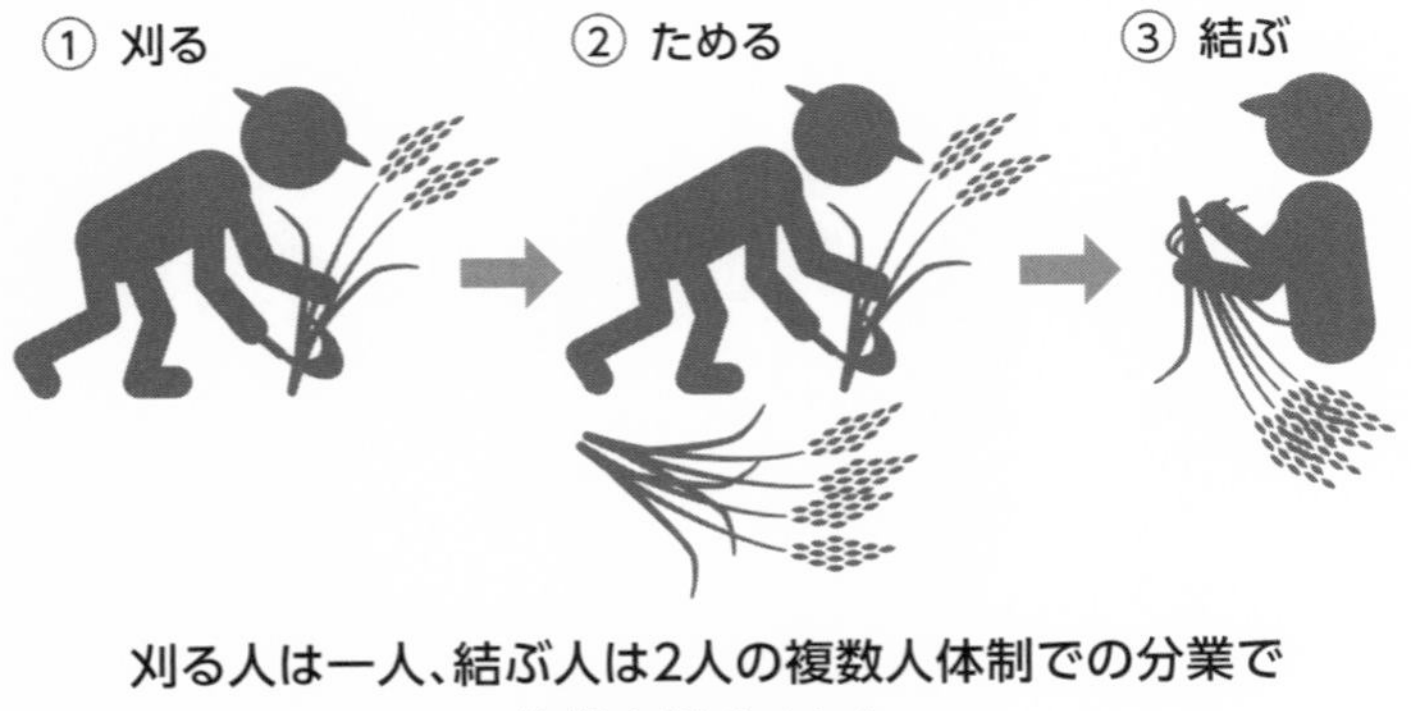

刈る人は一人、結ぶ人は2人の複数人体制での分業で作業を進めました

す。どこかに置くことはせず、受け取れる人がいないときは束を持ったまま待つ

② ほかの２人はそれぞれ、刈る人から渡された束を藁ひもで結ぶ。刈る人が遅ければ、渡されるまでその場で待つ

始める前は半信半疑だった２人も「こっちのほうが早い！」と納得してくれました。なかなかに父の面目躍如でしたが、私はもう一段ギアを上げることにしました。途中から、

全員が稲を刈り、３株を刈るごとに一束にして、藁ひもで結ぶ

図8　改善後の稲刈りの作業

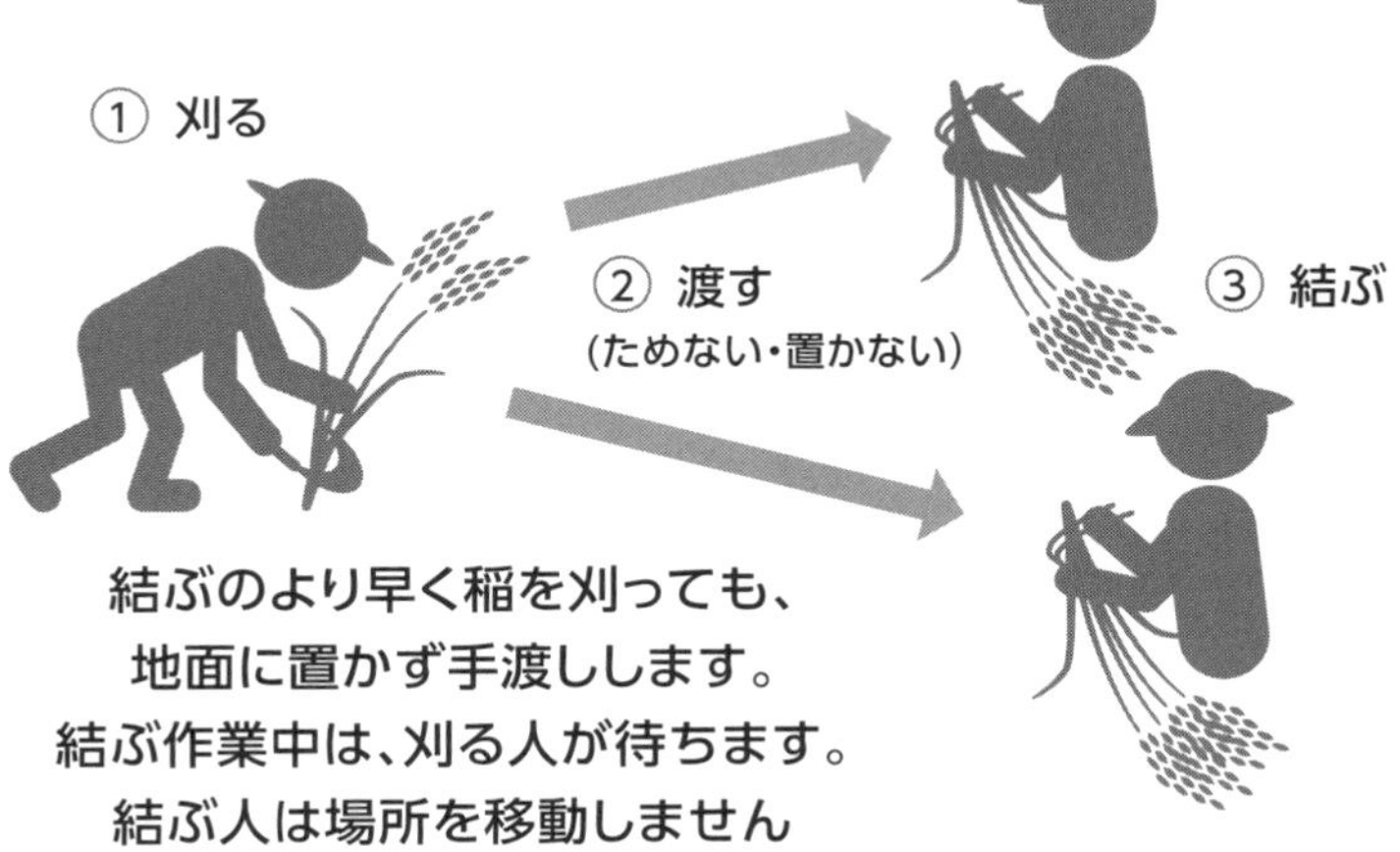
① 刈る
② 渡す
(ためない・置かない)
③ 結ぶ
結ぶのより早く稲を刈っても、
地面に置かず手渡しします。
結ぶ作業中は、刈る人が待ちます。
結ぶ人は場所を移動しません

という方法に切り替えたのです。

このやり方だと、全員が同じ作業をします。待ち時間がなく、仕掛品もありません。それでさらに早くなりました。

すべてが終了したとき、時計を見たら15時でした。13時から作業を再開したので2時間で終わったことになります。午前中は同じ広さの田んぼで3時間かかりましたから、実に33・3％の効率化です。

しかも3人とも、午前中より疲れが少ないと感じました。妻や息子は不思議そうな顔をしていました。

私は帰宅後、改めてこの実験結果を分析してみました。

午前中のやり方は複数人分業、午後の最初は複数人分業の改良版、最後は一気通貫の作業です。次第に効率的に稲刈りが進むようになることは予測がついていましたが、何の作業のどの部分が時間短縮につながったのか、もっと具体的な要因を知りたいと思いました。

午前中は3時間（＝1万800秒）で250束をつくりましたから、一束＝約43秒で出来上がった計算になります。

図9 さらに改善した稲刈りの作業

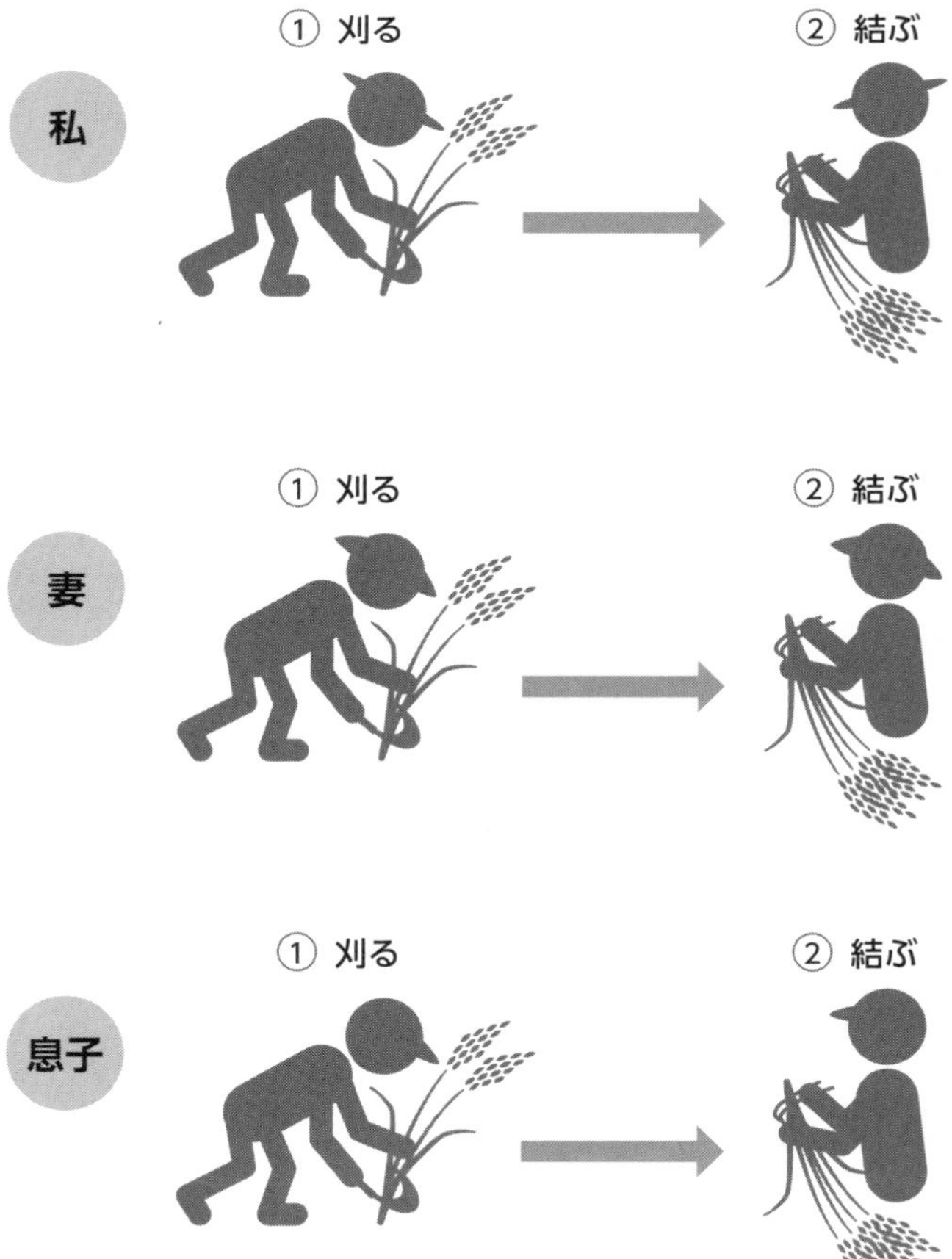

3人が各々、一人で「刈る」「結ぶ」の作業をしました

午後は2時間（＝7200秒）で同じく250束ですので、一束＝約29秒です。

一束につき14秒の差は、どこから生まれたのでしょうか？

それは「置いてある稲の束を拾う」という動作に時間がかかっていたのです。「拾う動作だけで、そんなに差が？」という声が聞こえてきそうですが、実はこの作業中の「拾う」という動作には、いくつかの大きな難点が含まれていました。

まず3株ごとの稲を「一束にして置く」といっても、刈ったばかりの稲はうまくまとまってくれません。地面に置くと少し広がってしまいます。

それを拾うときは自分でもう一度、3株を両手で束ね直すことになります。午後の作業は手渡しなので、この束ね直す時間をカットすることができました。

また、午前中の作業は全員が移動していました。刈る人は稲を刈り進めて動き、3株ごとに束にして「近く」へ置きます。藁ひもで結ぶ人は、そこまで歩いていって束を拾います。田んぼの中を移動するのはけっこう足腰にきますので、途中途中、腰を伸ばしたりします。

午後の前半は刈る人のみに移動の負担がかかりましたが、午後の後半は一人で作業が完結する一気通貫です。束を拾いに行ったり、あるいは束を手渡すために移動したりしなくなりました。そうやって、14秒の差が生まれたのです。

農業の世界に足を踏み入れると、効率のよいこと、効率の悪いことに出くわします。機械を使って効率よく進めている作業がある反面、目を丸くするような効率の悪い作業もいまだ残っています。ぜひ、農業の世界にも「がんばらない効率化」の考え方をお伝えしたいものです。

◎２人で協力して封筒の中身を取り出す

稲刈りの仕事では、作業と作業の間にものを「ためない」ことにより、「がんばらない効率化」が図れました。

多くの方が小さいころから「まとめてやったほうが早いよ」と教わったと思います。まとめてやるためには、ためてからやらなくてはなりません。そして、がんばります。この本のなかで推奨しているやり方とは、真逆のことを教わってきたのです。

ためて、まとめて、がんばる効率化

↓

ためない、まとめない、がんばらない効率化

このように頭を切り替えるのは、本当に大変なことだと思います。「一の型：一人分業からの一気通貫変換法」でご紹介した郵便物を開封して中身を取り出すという仕事を、今度は2人で協力して行った場合で考えてみたいと思います。

2人で作業するのですから、一人で作業をするときの半分以下の時間でできれば「効率的である」「生産性が高い」と言えます。反対に、半分以上の時間がかかると、効率が悪いということになります。

工程は一人が封筒を開封し、その封筒をもう一人に渡します。渡された人は中身を取り出します。この方法は、一人で作業をした場合と比べてどうなるでしょうか？

動画で見てみたいと思います。

動画9

一人で作業した場合のほうが効率的でしたね。一人で作業する場合と、2人で分業して行う場合では何が違うのでしょうか？

一人目：はさみで開封する→封筒を置く→２人目：封筒をもち上げる→中身を取り出す→置く

一人目が「置く」という動作と、２人目がそれを「もち上げる」という動作が、一人で作業しているときより余分に発生した動作ですね。さらには、２人目は最初、一人目がはさみで開封するまで、待ち時間が発生しています。反対に、一人目は２人目が作業を終えるまで、待ち時間が発生しています。

この場合、各々が封筒をはさみで開封し、そのまま中身を出すという作業をしたほうが早いということになります。

稲刈りとまったく同じことです。

各自が開封して中身を取り出すと、仕掛品がなく、待ち時間もないということになります。協力して仕事をすると、どうしても仕掛品ができ、待ち時間が発生するということがわかると思います。

「二の型：複数人分業からの一気通貫変換法」のまとめ

◎複数人での分業が必須の場合を除き、できるだけ個々で一気通貫の作業をするほうが早さも労力も効率化できる

◎特に人と人の間に仕掛品がたまってしまうスタイルは、余計な動作（置く、手に取るなど）が多くなって非効率的

COLUMN

少年野球チーム

会社の仲間から、とても嬉しい報告がありました。

その人はもう何年も少年野球の監督をしているのですが、社内で学んだ「がんばらない効率化」を少年野球チームにも生かしているという報告でした。

私はとても嬉しく思いました。子どものころからそのように指導できれば、日本全体の生産性が高まっていくのではないでしょうか。

どのように生かしているのかというと、その少年野球チームは練習試合や公式戦のとき、自動車で移動することが多いそうです。以前は監督が「出発するぞ！」と声をかけてから出発までに15分ぐらいかかっていたのが、「がんばらない効率化」を取り入れたあとは5分ぐらいになったのだそうです。

野球経験者ならわかると思いますが、野球は使う道具がけっこう多いスポーツです。グローブ、バット、ボール、ヘルメット、プロテクター、キャッチャーマスク――以前はそれらを、道具ごとにまとめて自動車に積んでいたそうです。まとめるのは、道具ごとの係に選ばれた少年たちでした。

会社で「がんばらない効率化」を学んだその監督は、思いきって道具ごとにまとめるのをやめました。グローブやバットは自分でもち、ボールは一人3個ずつ分担。みんなで使うヘルメットは誰かがかぶっていきます。キャッチャーは道具が多いので、そこだけはお手伝いする係をつけました。

最初は周りのコーチからの反対もあったようですが、これだけ出発の待ち時間が減るのを見て、以前より効率的にチームが動けるようになったことを実感したのでしょう。移動時のスタイルとしてそのまま定着したそうです。

この少年野球チームは年々強くなり、最近、県大会で上位に入ったとのことです。それが「がんばらない効率化」によるものかどうかは不明ですが、おそらく彼らは目的地に到着してからも、以前より素早く試合準備に取りかかれるようになったと思います。そうすれば、試合前の時間をより多く練習に充てることができたはずです。

移動にムダな時間、ムダな力を注いでもメリットはありません。きっとこの監督のことですから、練習自体にも「がんばらない効率化」を取り入れたに違いありません。

三の型

大から小に変換法

◎「大は小を兼ねる」という思い込み

よく「大は小を兼ねる」という言葉を聞きます。大きな物であれば、小さな物の代わりにも用いられるということです。しかし「がんばらない効率化」では、逆の考え方をします。「小は大を兼ねる」のです。

私たちの現場では「がんばらない効率化」が進むにつれ、いろいろなものがどんどん小さくなりました。製造に関わる機械はもちろんのこと、食材や原料を入れる容器や樽なども小さくなりました。物流業ではピッキングのとき台車を使います。バラピッキングのときは作業台も使います。それらも他社に比べてひと回りもふた回りも小さいものを使っていますし、もっと言うと、いわしをさばくときに使うまな板まで小さくなりました。

「小は大を兼ねる」で大きな道具を小さくすることは、「がんばらない効率化」を強制的に実現する方法です。

「強制的に実現?」と首をひねっている方のために、少しだけ予告編を書きましょう。

このあと、作業台や台車の大きさ、ラックの奥行などが事例に出てきます。たとえば作業台を小さくすると、余計なものを作業台の上に置かなくなる効果、人と人が近くなる効果、人とものが近くなる効果などが発揮されます。これは半ば強制的にそうなります。

同じように台車を小さくすると、台車の余白部分がなくなり、使用できる倉庫の面積が広がります。カゴ車の場合は、トラックに積む積載率が高まります。不要な「空間」が減るからです。

私は家でも、天板の小さな机を使うようになりました。パソコンが置けるスペース+少々の余白といった程度の大きさです。パソコン以外は何も置けないので、片づける作業が発生しません。もとより、書類が積み上がることもありません。余計なものが目に入らないと、集中力が高まるという効果もあります。

では、具体例を見ていきましょう。

◎掃除道具は掃除機とホウキ、どちらが効率的か

掃除道具の一つに掃除機があります。多くの方はとても便利に思って使用しています。

ところが私は、この掃除機が疑問です。もちろん効率化の観点からです。

掃除機は使うとき、掃除をする場所までもっていく必要があります。「掃除機でなくても掃除道具はみんな、もっていかなければならないじゃないか」と思われるかもしれませんが、掃除機はほかの掃除道具より重くて、もち運びに時間がかかります。ようやく掃除する場所に運んだあとも、電源プラグをコンセントに挿すのが手間です。そして、掃除が終わって次の部屋に行くとき、ケーブルの長さの制限により、違うコンセントに挿し直さなければなりません。これもまた面倒です。

片づけにも手間がかかります。掃除機の中にたまった埃《ほこり》やゴミを掃除機から出したり、時には掃除機本体の掃除も必要です。

このようなことから、私は掃除機でなく、ホウキを使うことをお勧めします。ホウキでしたらさっと取り出せますし、軽くてもち運びに便利、いちいちコンセントに挿す必要もありません。要するに掃除への取りかかりが早くなり、「これから掃除をするぞ！」という心理的抵抗が少なくて済むのです。

もちろん絨毯《じゅうたん》やカーペットは掃除機のほうがゴミを取り除きやすいなど、双方にメリットとデメリットがあるのでご家庭に合わせて使用すればよいと思います。ただ「がんばらない効率化」の視点で言えば、断然ホウキのほうがよいことだけは自信をもって言えます。

なぜ「大から小に変換法」の話に掃除機とホウキの比較が出てくるのか、不思議に思われるでしょうか。それは重くて扱いが面倒な掃除機より、軽くて簡単に使えるホウキのほうが「がんばらない効率化」のコンセプトに合っているからです。

おしなべて「重厚長大」より「軽薄短小」——それが「がんばらない効率化」の基本スタンスと考えてください。

◎作業台をあえて小さくして「ためない」「まとめない」

「がんばらない効率化」では、仕事と仕事の間にものを「ためない」、人と人の間にものを「ためない」ということにより、効率化がなされていると説明してきました。これは意識してやることが大切なのですが、道具を小さくすることで、強制的に行うこともできます（巻頭のクイズ：3問目）。

たとえば、作業台です。作業台が広いと、自然と作業台の上にたくさんのものが置かれるようになります。作業途中の仕掛品もためやすくなってしまいます。

作業員2人が協力して仕事をしています。一人が途中までつくったものをもう一人が仕上げるという作業の流れだったとしましょう。作業台は２人が一緒に使えるくらい大きなものです。

２人の間には仕掛品がたまりがちです。途中までつくる人のほうが仕事が早いので、どんどんたまっていきます。そのうち、作業台の上は仕掛品だらけになりました。

仕掛品がたまるとそれをどかしたり、触ったりしながら作業をすることになり、どんどん効率が悪くなっていきます。

また作業台が大きいと、作業に使用する道具や原料など、作業台の遠くにあるものを手を伸ばして取ろうとします。この動作は私たちが思っているより時間がかかり、何度も繰り返すうちに膨大な時間のロスになります。

そこで、作業台を小さなものに替えました。大きくても40センチ×60センチのサイズです。

すると、２人の間に仕掛品がたまらなくなりました。作業台が小さくなったので、仕掛品をためる場所がなくなったのです。

これが「強制的な効率化」です。仕掛品の置き場所がなければ２人がスピードを合わせ、仕掛品を増やさないようにコントロールしなければなりません。言い換えれば、どちらかががんばりすぎないようにして効率化を図る方法を考えるということになります。

　また作業台を小さくすることにより、手を伸ばして遠くに置いてあるものを取ったり、余計なものをどかしたり移動させたりする動作が自然と省かれます。どうしても作業台が小さすぎて仕事がしにくい場合は、２つの作業台をくっつけて大きく使えばよいのです。これはもう、私には確信があります。作業台は小さいほうがよいことばかりです。

　当初、狙っていなかった思わぬ効率化も実現されました。作業員が移動するとき、大きな作業台を回り込む必要がなくなったのです。さっと楽に移動できると

図10　作業台の大きさの変化

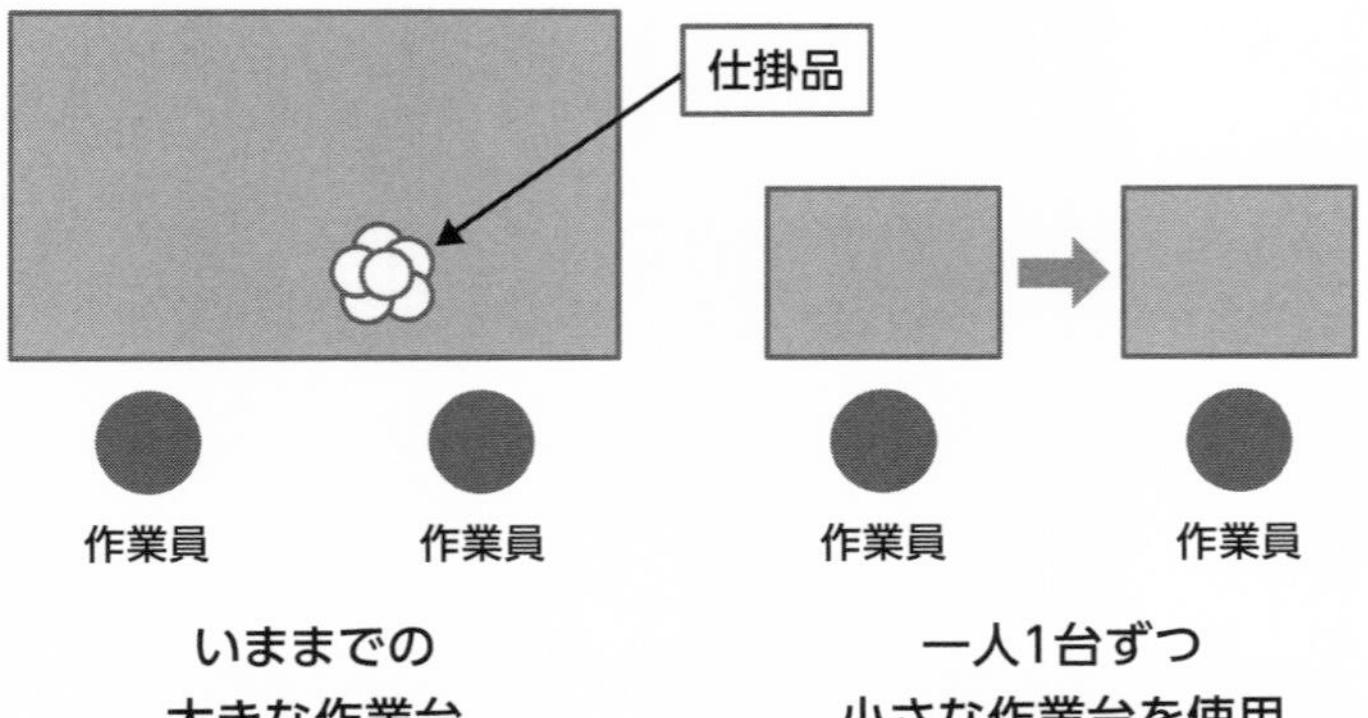

いう便利さは、そこで作業するスタッフからも好評を得ています。

私たちのグループには３つの工場があります。金山寺味噌と漬物と佃煮をつくる工場、干し芋をつくる工場、そしてパッキングをする工場です。

すべての工場で作業台を小さくし、さらには物流の現場でピッキングした商品を梱包する作業台も小さくしました。小さくするだけでなく、その作業台にさまざまな道具を引っかける形で収納できるようにしてあります。引っかけてあるだけなので、必要な道具をすぐに手に取れます。

このような方法も最初はなかなか馴染

図11　**作業台を小さくしたことによるメリット**

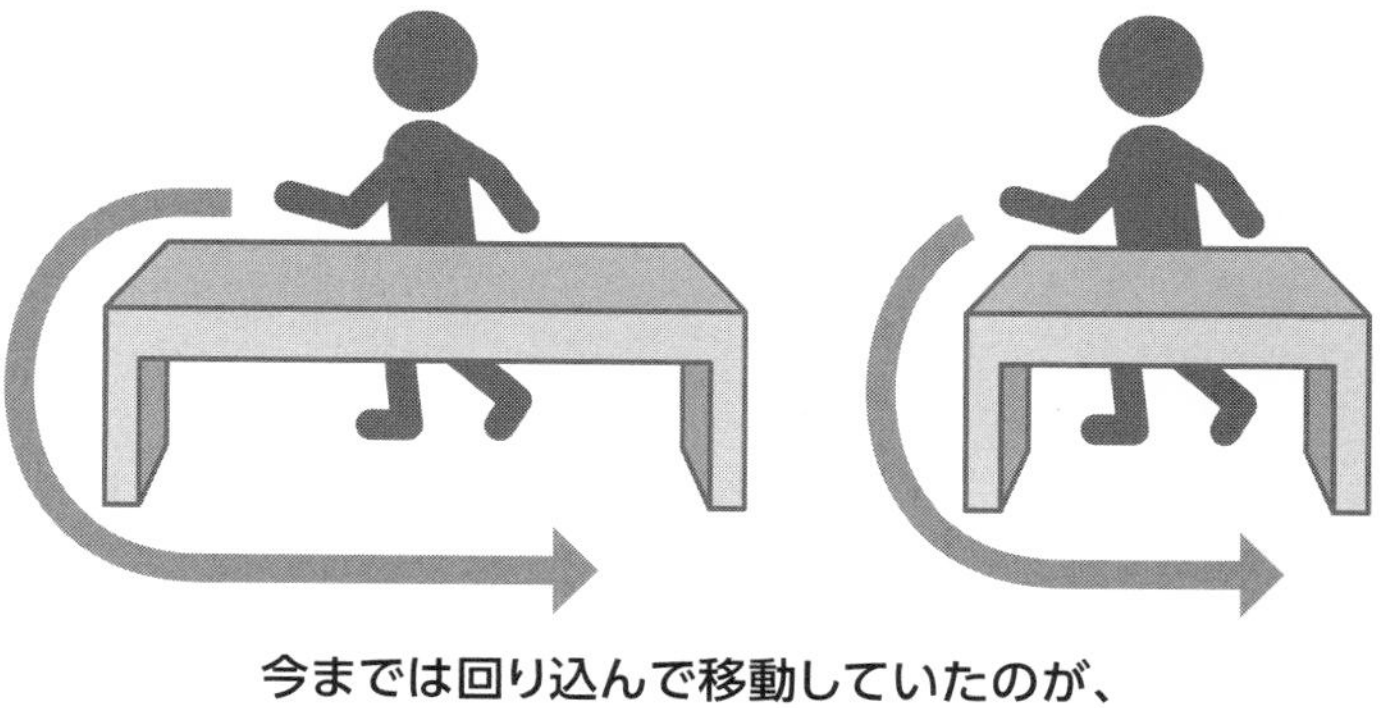

今までは回り込んで移動していたのが、
作業台を小さくすることにより、移動距離が減りました

まず、抵抗を覚える人がたくさんいました。それでも説得して、大きな作業台を外に出し、廃棄または売却してしまいました。そうしてすべての工場で効率化を図ったのです。

最近では、よく現場の人に「大きな作業台に戻しますか?」と冗談で言います。小さな作業台を使うことのメリットが十分に理解された現在では、みんな「いやいや」「社長、勘弁してくださいよ」と笑っています。

つくっているものは部署ごとに違いますし、作業の内容もそれぞれ異なりますが、「大から小に変換法」が有効にはたらく本質的なところは皆同じです。最初は私自身も半信半疑でしたが、こうした現場社員の協力のもと、効率化が図れることを実証できたのは、私たちの会社の誇らしい成果でもあります。作業台を小さくするのは間違いなく、強制的に「ためない」「まとめない」を実現するために有益なことなのです。

◎一度に運べる量が減っても、小さいほうが効率的

作業台の次は台車です。私たちの物流現場では、台車も他社より小さなものを使っています。普通は「一気にたくさんのものを運びたい」「どうせなら、ほかのものも一緒に運べるようにしたほうが効率がよい」と考えるものですよね。そして、どんどん台車を大き

くしていくことでしょう。

しかし台車が大きくなると、効率の悪いことがたくさん起きます。

台車にはさまざまな種類がありますが、最初にカゴ台車のお話をしたいと思います。

カゴ台車は**図12**のような形をしています。

私たちのグループでは、拠点間の配送にカゴ台車を使います。商品を本社倉庫から各店舗へ送るとき、あるいは工場から本社倉庫へ送るとき、このカゴ台車に商品を積み、カゴ台車ごとトラックに積んでしまいます。送り先に着くと、カゴ台車ごと送り先に置いてきます。その際、前回の配送時に置いてきたカゴ台車を回収し、トラックに載せて帰社します。このカゴ台車というのは本当に便利です。大きさの選択を正しくすると、さらに便利になりま

図12　使用していたカゴ台車

す。

私たちは当初、とても大きなカゴ台車（80×110×170センチ）を使っていました。そのころはトラックに8台しか積めませんでしたが、約半分の大きさのカゴ台車（60×80×170センチ）にしてからは、同じトラックに16台積むことができます。倍も載せられるようになったことが、私は嬉しくてたまりませんでした。

というのも、私たちの会社には15軒の店舗があります。商品を配送するときは、1台のトラックが7～8店舗を回ります。大きなカゴ台車のころは、1店舗につきカゴ台車1台が基本でした。「7～8軒を回るなら、8台のカゴ台車が載れば十分だろう」と思われるかもしれません。しかし商品の発注量は、店舗の売り上げによって異なります。満載ギリギリまで積んでいるカゴ台車があれば、空きスペースのほうが多いカゴ台車もあります。

そういうときは載せきれない商品を、別店舗のカゴ台車の空きスペースに仮置きしていました。スペースの有効活用ですが、時にはムダな作業が発生することもあります。仮置きしたほうのカゴ台車がトラック内のどこにあるか探したり、奥のほうから引っ張り出したりするなどの作業です。

もっと効率よく配送作業を進める方法はないかとみんなで考え、「カゴ台車が大きすぎるのでは？」「そうだ、小さいカゴ台車のほうが何かと便利だ！」という結論に至りました。

念のため社内にあった小さなカゴ台車で実験をしてみると、大きなものより好都合なことがたくさんありました。

まず、カゴ台車の容量をフレキシブルに使えるようになります。

これまでトラックに載せるのは1店舗につき大きなカゴ台車1台でしたが、小さなカゴ台車なら16台載るので、1店舗2台ずつにできます。そして、2台では足りない店舗は3台に、2台もいらない店舗は1台にと、配送する商品の量に合わせてカゴ台車の数を加減できるようになったのです。


また、配送する商品のピッキングには、それまで長台車（取っ手の付いている台車）を使って行っていました。大きなカゴ台車に1店舗分の商品を載せると、重すぎて一人の力ではなかなか動かせません。それでトラックのそばにカラのカゴ台車を置き、長台車で運んだピッキング済みの商品を店舗ごとに積んでいたのです。

しかしカゴ台車を小さくすると、一人でも簡単に動かすことができます。これなら長台車からカゴ台車への積み替え作業が要らなくなります。それだけで相当な時間短縮です。

私たちはすぐに、大きなカゴ台車から小さなカゴ台車に切り替えました。すると予測ど

図13　カゴ台車の大きさの改善前と改善後

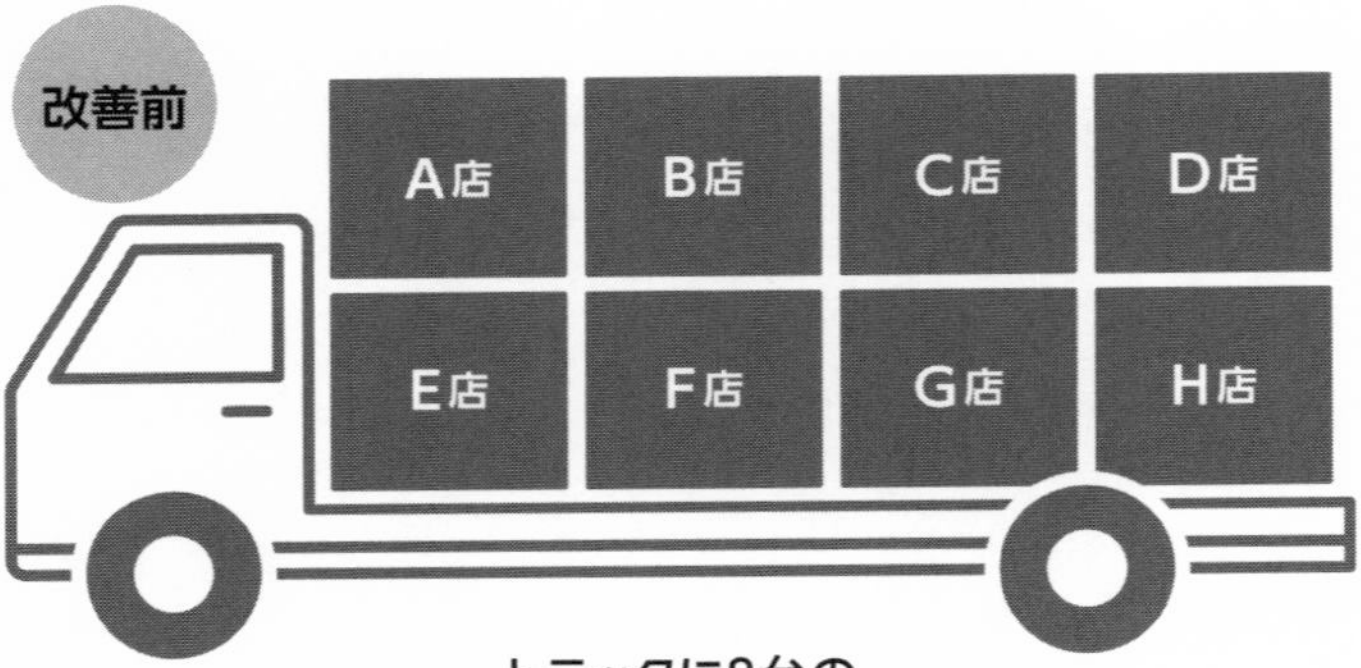

トラックに8台の
大きなカゴ台車を積んでいました

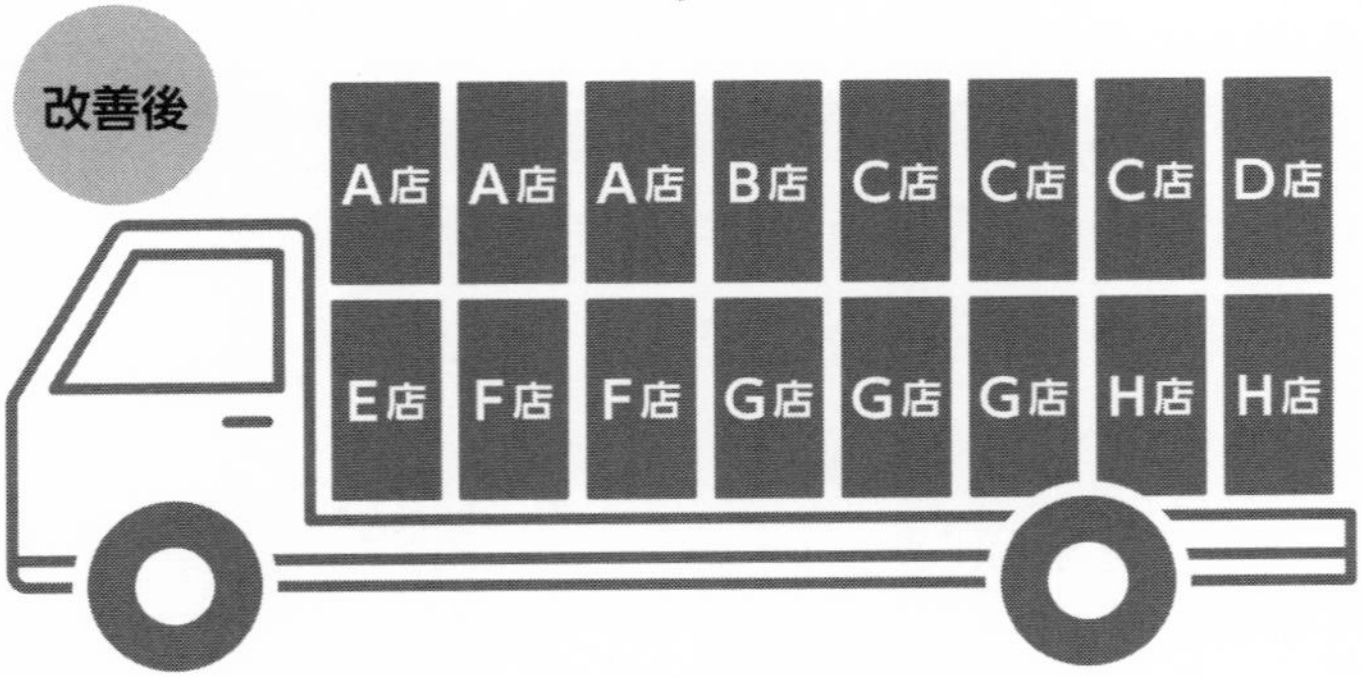

カゴ台車を小さくすることで16台積めるようになり、
自由度が高まりました

おり、拠点間の配送作業が驚くほどスムーズになりました。

これは私たちにとって大きな発見でした。

◎平台車を小さくしたら、倉庫が広く使えるように

次に平台車です。平台車というのは**図14**のように、板にキャスターが付いているものです。

商品が入荷するときは、入荷数により、フォークリフトで商品を積み降ろしする場合と、カゴ台車で積んでいく場合と、平台車で積んでいく場合とがあります。そしてどの場合も、そのまま倉庫に置いておきます。

以前は平台車も大きなものを使用していました。90×60センチぐらいの大きさです。私たちは、この大きな平台車のことを「板パレ」と呼んでいます。

板パレの前はスノコに商品を置いていたのです

図14 使用していた平台車（板パレ）

が、板パレを導入したとき、画期的に生産性が上がりました。しかし時が経ち、私たちはこの板パレが大きすぎることに気がつきました。

倉庫が常に狭いという問題は、多くの会社が抱えていると思います。大きくしても倉庫は、すぐに狭くなるものなのです。そして仕方なく増築したり移転したりするわけですが、そのコストは言うまでもなく莫大です。

私たちの会社も何度か増築や移転を繰り返しました。それでも再び狭くなった倉庫のなかで、「さて、どうしたものか……」と私は作業中の光景を眺めていました。

板パレを使ったピッキングの流れを見ていて「面積全部を使っていない板パレがけっこうあるな」と気づきました。**図15**のような感じです。

段ボールが2個載っていればちょうどよいのですが、在庫が減って1個になると、**図15**のようにスペースが余ってしまいます。

「全部の板パレの空きスペースを合計したら、すごく大きな面積になるんじゃないかな」

そう考えてざっと計算してみると、倉庫の3分の1近くの面積が使用されていないという結果が出ました。

「板パレをもっと小さくしたらどうだろう」と提案したところ、現場で作業するスタッフたちからはいろいろな意見が出てきました。しかし結局「ものは試しだ」ということになり、とりあえず51×38センチという小さめの平台車１００台を購入したのです。

板パレを平台車１００台に交換すると、倉庫がだいぶ広くなったように感じました。何も置いていない面積が増えたのです。みんな狐につままれたような顔をしていました。あとはもう１００台、もう１００台と平台車の購入を続け、今まで使っていた大きな板パレは中古品として売却してしまいました。いま使っている平台車は小さなものだけです。

現在、私たちが使用している平台車は結合できるタイプのものです。基本的に

図15　改善前の平台車（板パレ）

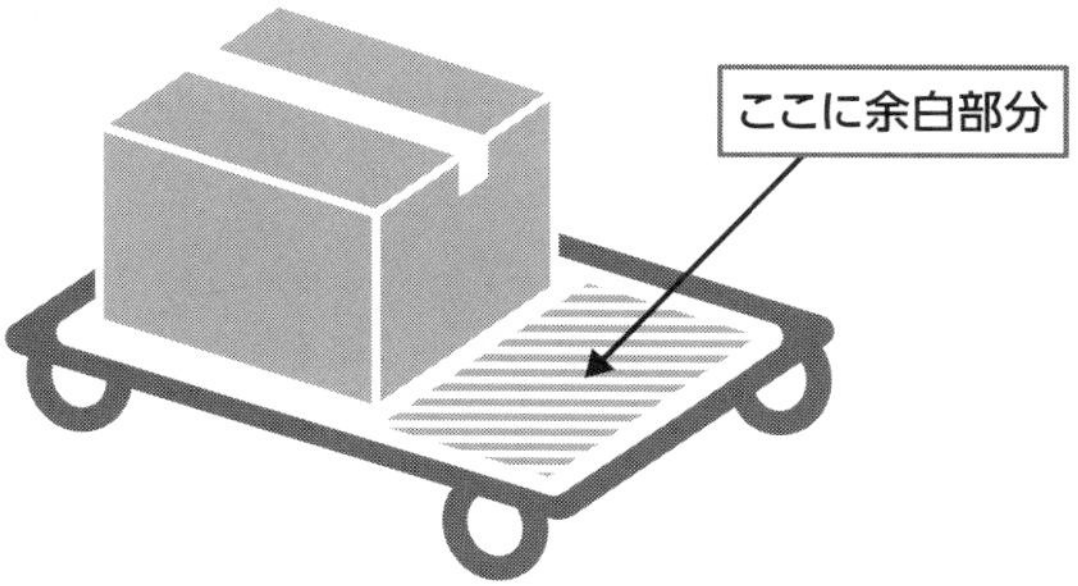

平台車には、余白があるものがありました

は単独で使用しますが、必要に応じ結合して使用することもできます。

小さな平台車にしてみると、もう一つよいことが発生しました。1台に載せられる量が減ったため、スイスイと軽く動かせるようになったのです。担当者の身体の負担もかなり減りました。

何度もお見せした動画と同じように、「ためない」「まとめない」の「がんばらない効率化」のとおりになりました。「なぜ気がつかなかったのだろう?」と不思議です。私たちにとって、板パレを小さくしたことはまさに革命でした。

◎非効率の温床となる「奥行」という存在

私は、本が好きです。家の本棚について、小さいころから疑問に思っていたことがあります。「本棚って奥行が深すぎないか?」という疑問です。

「奥まで本を入れると、手前にいらない空間ができる。かといって手前に本を並べると、見えている面(背表紙)が揃ってキレイだけど、本を出し入れしているうちに、いつの間にかグチャグチャになってしまう。手前のスペースは、ムダなんじゃないだろうか?」

そう思っていた経験が、いまになって板パレのムダ発見という形で生かされました。なんだかとても得をした思いです。

会社の仲間たちも板パレの件で「奥行はスペースのムダ」と気づき、ほかの場面で応用するようになりました。

直接のきっかけは、物流棚の空きスペースでした。

以前は物流棚を**図16（上段）**のように使っていました。

奥行が深い造りなので、段ボールを奥に1個、手前に1個置けます。ここに同じ商品の段ボールを縦に2個、並べて置いていました。手前の段ボールをピッキングして必要な数を配送に回し、残りのバラを置いておき、それがなくなったら奥の段ボールをピッキングするという方式です。

しかし、板パレを平台車に換えて成果を上げた仲間たちは「奥の段ボールって、いるかな」と気づきます。この方式だと段ボール2個分がなくならなければ次を補充しないため、2つめの段ボールの中身を使用している間は、奥が空きスペースになっていたのです。

さっそく物流棚を両側から出し入れできるようにレイアウト変更しました（**図16・下段**）。そして同じ種類の商品の段ボールは横に並べていくようにし、裏側には別の種類の商品の段ボールを置きました。

図16 改善前と改善後の倉庫の棚の配置（真上から見たところ）

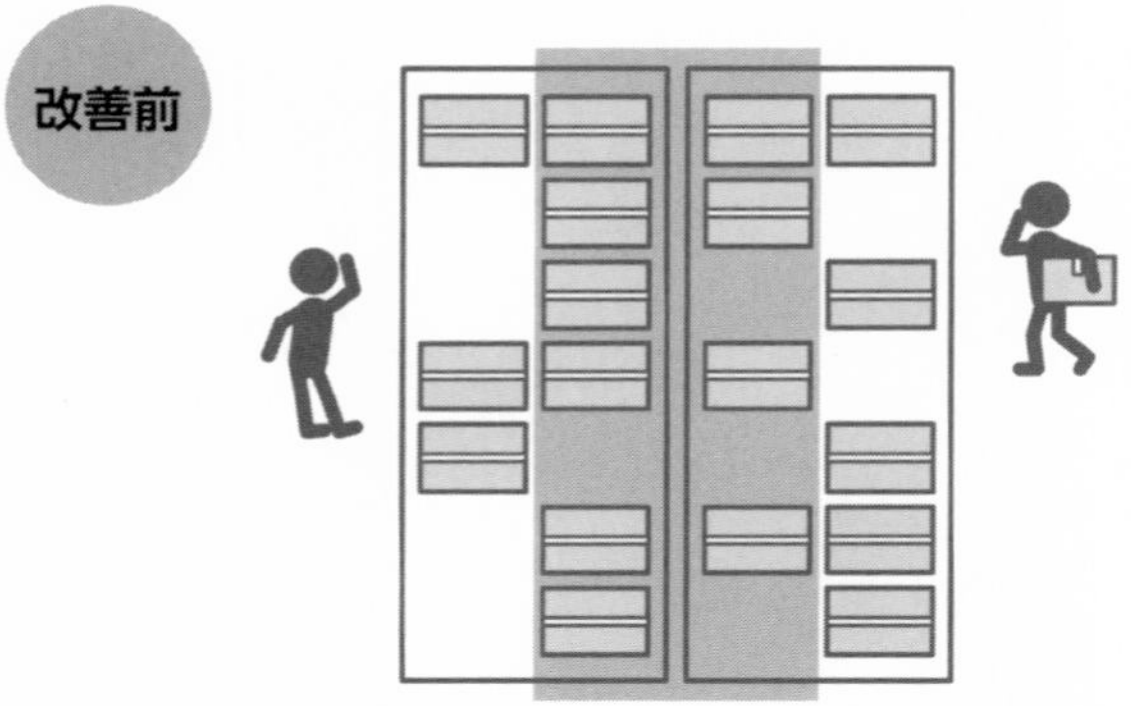

物流棚の奥行を深くして使用していたことで、
奥の部分が見えづらく、取りづらい状態でした

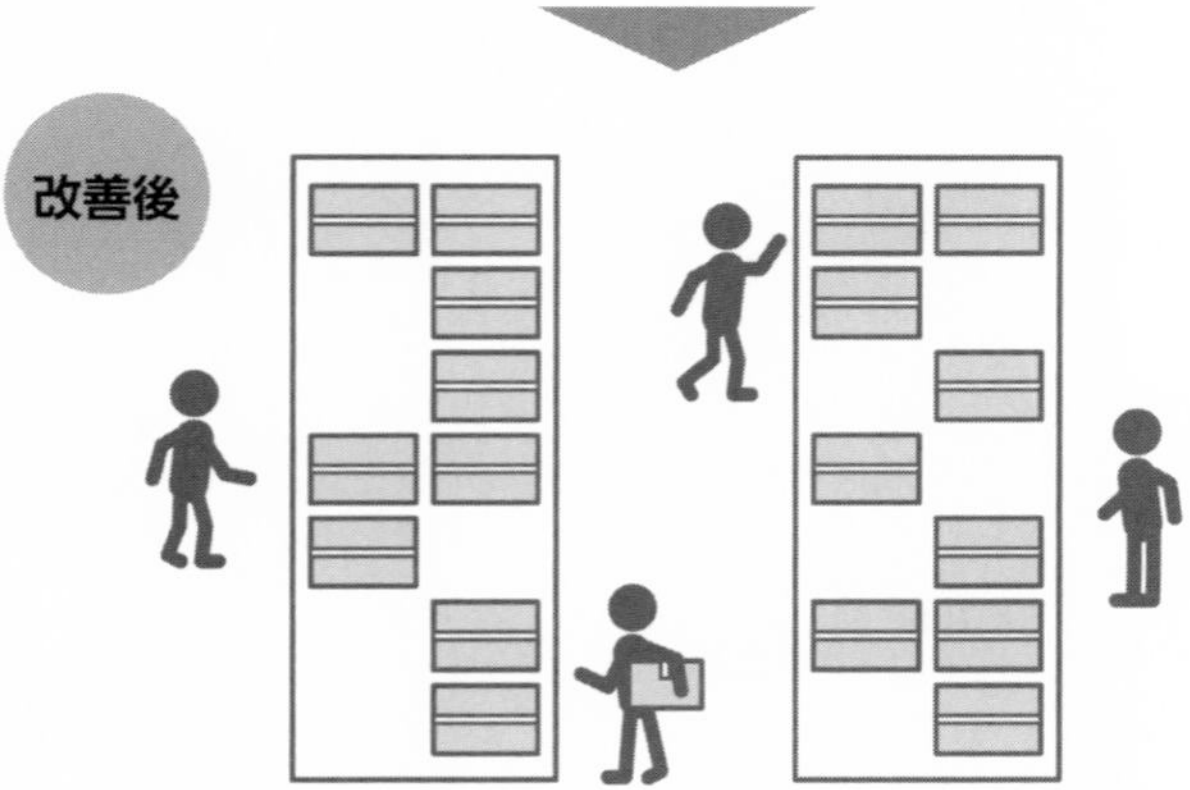

棚と棚を離したことにより、
荷物を取り出せる面が2面から4面に増えました

すると「棚に入りきらない」と思っていた商品がすっぽり入りました。アイテム数も以前の2倍、棚に置くことができます。

新しい物流棚など何かを買い足すこともなく、レイアウト変更だけで倉庫の面積を広くできたようなものです。この一件も私たちにとっては大きな革命でした。

◎「小さいこと」はとにかくよいことばかり

多くの会社ではロットというものがあると思います。ロットにはいつも悩まされます。ロットとは同じ条件下で製造される製品の最小単位であり、取引の場ではそれが出荷数量の最小単位になります。たとえば「1ロット（1回の製造）で100個の商品が出来上がってしまうので、出荷は100個単位にさせてくださいね」とか、「送料がかかりますので取引はできれば1ロット、最低でも5ケースからでお願いします」などと言ったりします。

グループ内の物流で、ある問題が発生しました。自社の店舗へ配送する商品が、トラックに積みきれないという事態が起きたのです。

なぜ積みきれないのか？

一つには、先に説明したカゴ台車の問題がありました。それは解決したのですが、しばらくして再び「積みきれない」という困難に直面したわけです。

ずっと考えていると、私の弟がとんでもないことを言い出しました。

「バラピッキングにしよう！　そして拠点からの発注をケース単位ではなく、個数で発注するようにルールを変えよう」

これはもう直感で言ったのだと思います。私は半信半疑でした。そんなことをすれば、ピッキングをする人たちの負担が増えるのではないかと考えたからです。

しかし結果はこれまた、革命が起きるような発想の大転換でした。

まず各拠点の店舗には、まとめて発注することをやめてもらいました。それまでは「この商品はよく売れるから、1週間分をまとめて発注しよう」というような方法もあったのですが、配送の頻度に合わせ、売れた分や販売予定の分だけ発注してもらうようにしたのです。これで1回に配送するトラックの積載量を大幅に減らすことができます。

しかし、ロットの縛りがあるとそれができません。たとえば1ケース20個入りの商品があったとして、その店舗の販売予定が1カ月に20個なら、否応なく1カ月分の商品を発注することになります。

バラピッキングにすれば、売れた分や次の配送までの販売予定数だけ発注できます。つまりバラピッキングにしたおかげで、ロットが大きい商品でも、まとめ発注を回避することができるようになったわけです。

そうなると店舗では、品出しがとても楽になりました。それまでは売り場に陳列しきれない商品を店舗の倉庫に保管していたのですが、この方法にすると「配送される商品数＝売り場に陳列する商品数」です。店舗スタッフの負担が大幅に減り、１時間30分かかっていた作業が１時間で終了するようになりました。

ただ私の不安どおり、本社倉庫でピッキングする人たちの作業は以前より時間がかかるようになりました。１店舗あたり15分かかっていたのが、25分まで延びたのです。15店舗あるので、３・75時間が６・25時間に増えてしまったことになります。全体で２・５時間の増加です。

しかし店舗では１時間30分の作業時間が１時間に減ったわけですから、30分×15店舗＝7・５時間の短縮が実現しています。差し引き5時間の短縮で、時間的にも改革は大成功と言えます。そして、何より、本社倉庫の在庫のブレが減りました。

販売量に合わせて出荷されていないときは、どうしても在庫がブレてしまいます。

たとえば１ケースに20個入っている商品のうち、その店舗が必要なのは１個だけだったとします。にもかかわらず１ケースを発注したりすると、本社倉庫側は品切れしないように2ケースの在庫を用意する必要があります。

もしも店舗側が1週間分まとめて10ケースを発注すれば、本社倉庫側はやはり品切れしないようにと20ケースの在庫を抱えます。それが何百種類もの商品数にわたって行われますので、本来の必要量とブレた分が大量の在庫として、本社倉庫に保管されることになっていたのです。

発注単位を小さくすることによって在庫のブレが少なくなったため、本社倉庫の在庫が劇的に減りました。そして在庫が減った分、倉庫が広く使えるようになりました。

そこで各店舗に直送していた商品を、本社倉庫にいったん入れることにしました。そうすれば店舗側は、いつ商品が来るかわからないという状態がなくなります。本社の定期便ですべての商品を入荷したほうが、人員の予定も組みやすくなるのです。

それが可能になったのは、本社倉庫を広く使えるようになったからです。

まとめて運ぶのは本当に効率が悪い。全体最適からかけ離れていくのです。

◎米俵は60キロ、米袋は30キロ。運べる人が限られる

世の中、ものを運ぶ単位は、大きすぎます。その代表例がお米です。

日本では従来、米俵で保管・流通がなされてきました。お米の包装の歴史をたどっていくと、やはり米俵に行きつきます。実際に見たことがなくても、歴史の教科書や、ドラマや映画のなかで見たことがある人は多いはずです。

お米は一俵60キロです。いまの時代、力もちの男性でも担げないのではないでしょうか？　現在ではクラフト紙の袋になっていますが、それでも30キロが主流です。スーパーなどでは10キロや5キロがありますが、米農家の蔵には30キロのクラフト袋入りのお米がずらりと並びます。

これ、本当に重いです。1俵なんてどうやって担いだのでしょう？

食品業界には、重いものがたくさんあります。業務用の砂糖も、クラフトの袋に20キロ入っています。20キロでも相当重いですよ。業務用の塩も20キロ単位です。

どうしてそんなに重いのでしょうか？　これは憶測ですが、包装する袋などを最小限の枚数にするためではないでしょうか。その分、重さが犠牲になったということです。

お米の話に戻りますが、就農者数は年々減少傾向にあり、耕作放棄地も目立つようになりました。

世の中の人口は約半分が男性、約半分が女性です。女性が男性よりも腕力が弱いのは周知の事実です。出来上がった30キロのお米を運ぶとき、それは自然と男性の仕事になります。みすみす人口の約半分いる女性の力を借りることを放棄してしまっています。

この重さを、せめて10キロにしたらどうでしょう？　女性の力を借りることができます。そして身体の負担が減って楽になるのと同時に、効率的になります。

「え？　まとめて運んだほうが早くない？」と考えるのが普通です。しかし、工夫次第で単位を小さくしたほうが早くなることが多いし、しかも身体が楽になるのです。

30キロのお米を運ぶ場合を考えてみましょう。A地点からB地点まで10メートルの距離を運ぶとします。

■30キロのお米

図17　小さくすることによるメリット

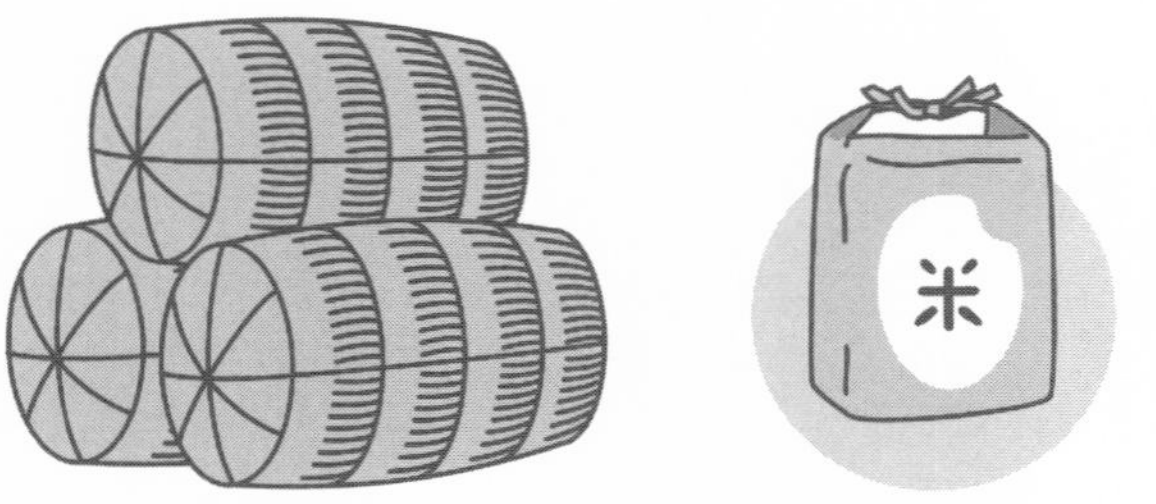

1俵あたり約60キロの米俵は男性でも担ぐのが大変ですが、
1袋あたり約10キロのクラフト製の米袋なら、
女性や子どもでも運べるようになります

お米を担ぐ（５秒）↓お米を運ぶ（12秒）↓お米を下ろす（５秒）　合計22秒

■10キロのお米
お米をもつ（１秒）↓お米を運ぶ（８秒）↓お米を下ろす（１秒）　小計10秒×３回＝合計30秒

この計算では、30キロのお米に軍配が上がりました。

では、10キロのお米を右手に一つ、左手に一つもってもスピードがあまり変わらないとしましょう。

■30キロのお米
お米を担ぐ（５秒）↓お米を運ぶ（12秒）↓お米を下ろす（５秒）　合計22秒

■10キロ＋10キロのお米
お米を持つ（１秒）↓お米を運ぶ（８秒）↓お米を下ろす（１秒）　合計10秒

30キロと20キロの最小公倍数60キロを運んだときの時間を比較してみましょう。B地点からA地点に戻る時間は考えないこととします。

・30キロのお米　22秒×2＝44秒
・10キロ＋10キロのお米　10秒×3＝30秒

ということになりました。

しかし、実際はもっと差が開くと考えられます。30キロのお米を担ぐというのは、身体的に大きな負担が生じ、少しだけ休憩が必要になる可能性があります。担ぎ直したり、手首を回したり、気合を入れたりという時間のロスが発生します。

また、30キロのお米を担ぐことができない人でも、10キロのお米なら運ぶことができます。こういったことから、梱包の単位は小さいほうが、効率がよいと断言できます。

「三の型：大から小に変換法」のまとめ

◎台車や作業台などの用具は「大きなものを一つ」より「小さなものを２つ」のほうがフレキシブルに使えて効率化を図れる

◎発注単位を小さくすると在庫数のブレが減り、しかも品出しが楽になって、倉庫スペースにも余裕ができる

時間ピボット法

◎学校の時間割表は時間管理のお手本

学校の授業には時間割というものがありますよね。時間割はだいたい1週間単位です。義務教育の小学校・中学校はほぼ全国共通で、国語、英語、理科、社会、数学（算数）を中心に、音楽、体育、図工などさまざまな科目があります。そして、それを1年かけて、少しずつ勉強していきます。

50分勉強して10分の休み時間、お昼はもう少し長い時間が挟まれます。この方法ってとても無理がなく、効率的だと思いませんか？

たとえば国語だけを2カ月間、毎日勉強して、次の2カ月は英語だけを勉強して……なんてことはしませんし、そんなことをしたら最初のうちに勉強した科目は、1年の最後にはすっかり忘れてしまいそうです。毎日のように短時間でも同じ科目に触れていたほうが、効率よく復習ができて学力は上がっていくと思います。

なのに仕事となると、まとめてすることもあるのはなぜでしょうか。

「時間ピボット法」は仕事を一つずつ順番に終わらせるのではなく、複数の仕事を毎日少しずつ、同時進行で片づけていく方法です。「ピボット（Pivot）」とは、ビジネス分野では「方向転換」や「路線変更」を意味します。「時間ピボット法」はそこから転じて「普段は縦に使っている時間を、横軸で考えてみよう」というものです。

「時間ピボット法」では**図18**のように、複数の仕事を毎日少しずつ行います。仕事を曜日ごとの縦軸で管理するのではなく、時間帯によって横軸で管理するイメージです。

つまり簡単に言うと「毎日コツコツ、少しずつやりなさい」ということですね。今日すべき仕事を後日まとめてやるより、今日も明日も、少しずつやったほうが仕事は早く終わります。

「今日すべき仕事」というのは、今日、発生した仕事のことです。経理の仕事であれば、今日の現金出納帳の記帳などになります。これを1週間まとめてやるのではなく、その日のうちに片づけましょうという意味です。

納期が数カ月先にあるようなプロジェクトや企画などの仕事も同じです。納期が迫っている仕事を優先してやりがちですが、それよりあとに納期が来る仕事も、1日に30分でよいのでスケジュールに入れてください。その仕事をする時間を強制的に決めてしまうのです。

このようにして、納期が決まっている仕事が10個あるなら10の仕事を、毎日少しずつ進めます。1週間ごとのスケジュール表で言うと、毎日の時間帯を横軸にして使うような形です。

第1章で夏休みの宿題について書きましたが、これも「時間ピボット法」を活用するとよいものの一つだと思います。毎日1時間でも30分でもいいから宿題をする時間帯を決めるのです。

問題が難しくて、考えているうちに1問も解けずに1時間が過ぎてしまう日もあるかもしれません。それでも宿題ノートやドリルなどを開き、学校へ行っているときと同じように日々勉強する習慣を忘れないようにすることが大切です。そうすると、夏休み終盤にまとめて宿題をするよりトータル時間が少なくて済み、勉強した内容も身につくことになると思います。

図18　時間を「縦軸」と「横軸」でとらえた場合

縦軸

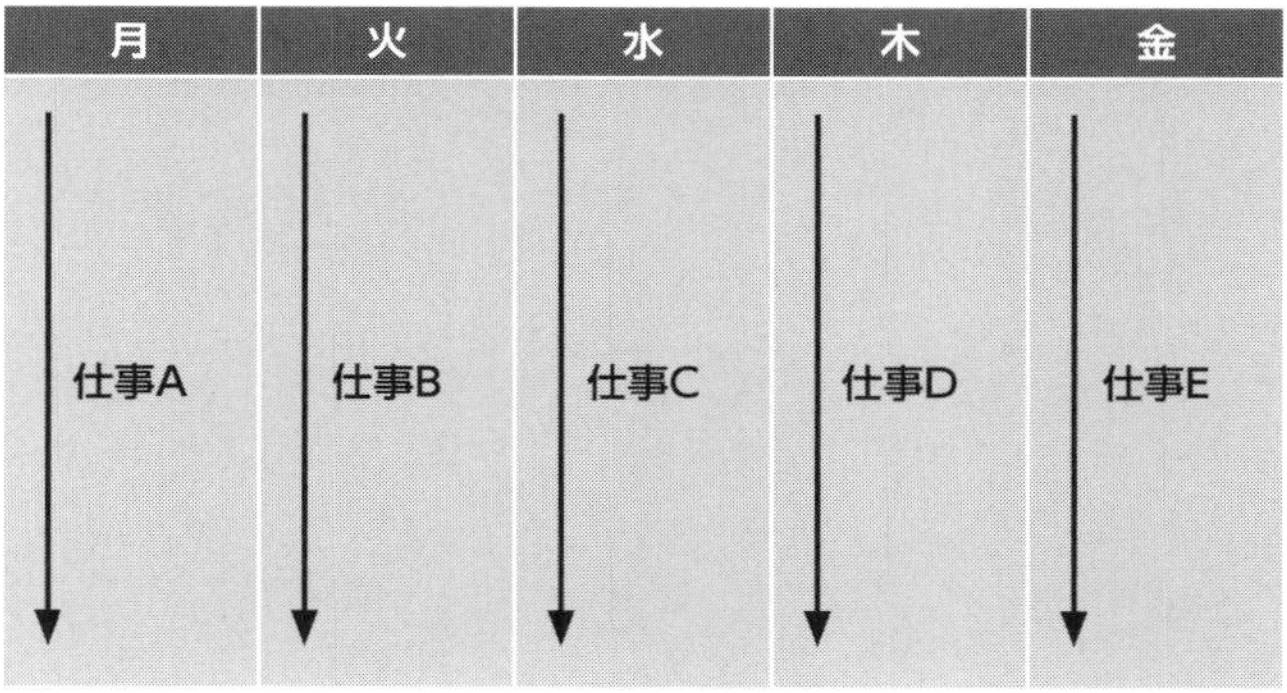

横軸（時間ピボット法）

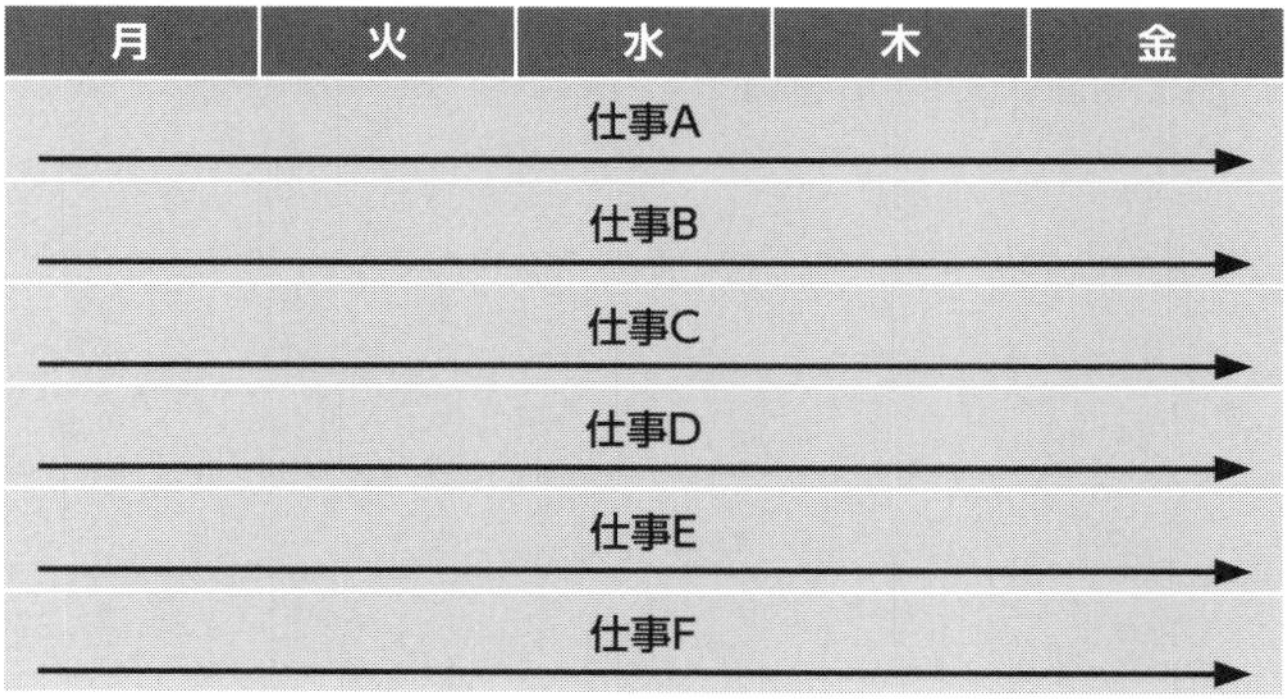

時間ピボット法は、時間や仕事を縦に管理するのでなく、横に管理するものです

◎草刈りは面倒でも「ためない」「まとめない」

前にも書きましたが、私は週に2回ほど農業もしています。いろいろな農作業をするなかで、最も「これは時間のかかる作業だな」と思うのは草刈りです。草刈りを後回しにすると、夏休みの宿題を後回しにしたときと同じようになってしまいます。

私が携わる農園は２０００坪（約６６００平方メートル）ほどあります。草刈りが必要な場所は、そのうちの１０００坪ぐらいです。

春になると、これでもかというぐらい草が生えてきます。草が伸びすぎると虫が多くなったり、作業がしにくくなったりするので草を刈ります。土地の形が平らではなく法面《のりめん》（人工的な斜面）もあるため、草刈機で草を刈るのもけっこう大変です。

私が携わる前は年３回、４月、６月、８月に草刈りをしていました。毎回３人がかりで８時間かかっていました。８時間×３人×年３回＝72時間が年間の作業時間となります。

私は農園の仕事を引き継ぐとき、まずこの作業を効率化しようと考えました。農園に来るのは週２回ですから、作業できる回数は月に８～10回です。そこで農園に来たときは１時間、必ず草刈りをすることにしました。

雨の日もあるので、実際に草刈りができたのは４～９月の６カ月間で計40回でした。作業時間にすると1時間×一人×40回＝40時間です。

その結果どうなったかというと、草はあまり伸びず、とてもよい状態になりました。

年３回しか草刈りをしなかったころは、草が膝の高さまで伸びていました。それを草刈り機で刈るには、**図19**のように同じ場所を３回ぐらい刈らなければなりません。1回目は上から20センチほど、２回目はそこから20センチほど、そして３回目に根元まで刈ってようやく終了します。

草が伸びている状態で刈ると重くて機械が止まったり、うまく刈れなかったりします。草刈り機に草が絡まってしまったりもします。

図19　草刈りの改善前と改善後

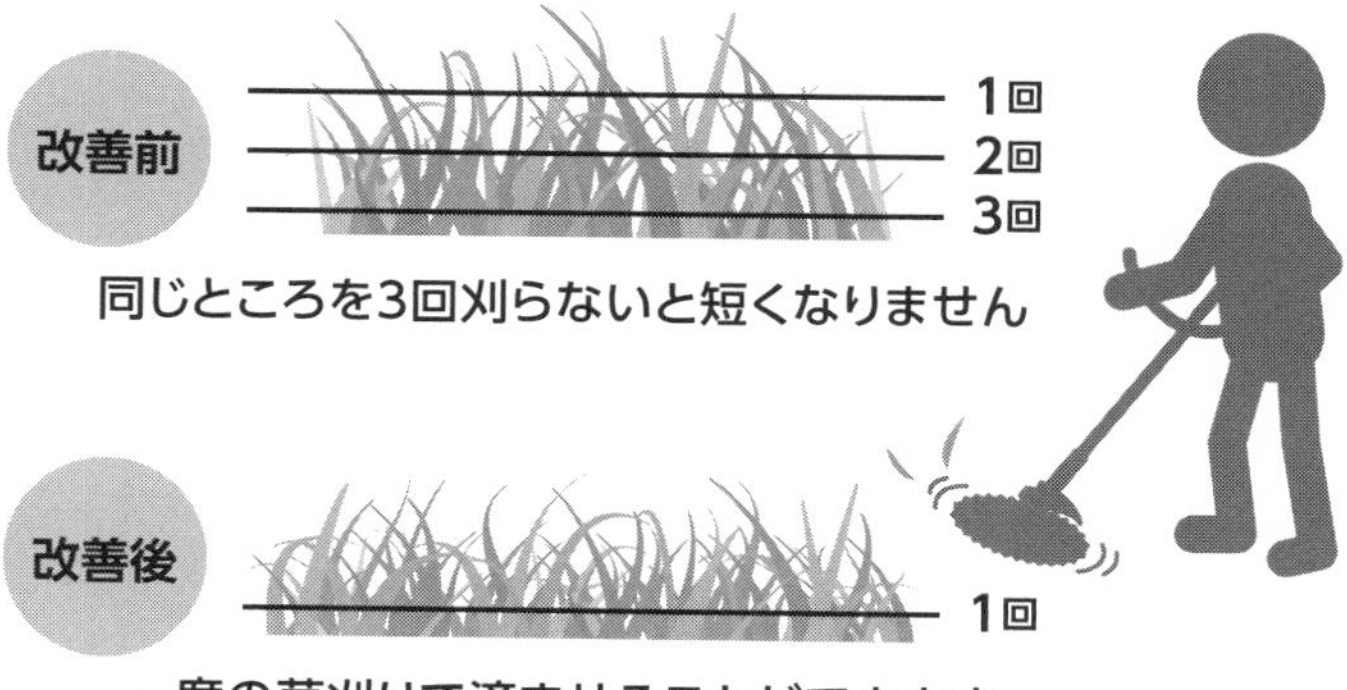
同じところを3回刈らないと短くなりません
一度の草刈りで済ませることができます

年に40回刈ると、だいたい1カ月で同じ場所が回ってくるので、伸びていても、くるぶしのちょっと上ぐらいです。膝まで伸びていたときの3分の1です。草刈機1回で刈ることができます。「ためない」で、まとめずにするだけで、質が高く、しかも効率的な草刈りができたのです。

このことは、私に多くの学びを与えてくれました。スケジュール管理に応用することができるのです。

草刈りでは相手は草ですが、掃除では汚れや手垢《てあか》、埃が相手です。汚れも草と同様に成長します。ためると、どんどん積み上がっていきます。

図20 草刈りの仕方の違いによる作業時間の差

	4月	5月	6月	7月	8月	9月	合計
一人で1回1時間	7時間	7時間	5時間	7時間	7時間	7時間	40時間
	7回	7回	5回	7回	7回	7回	

	4月	5月	6月	7月	8月	9月	合計
3人で1回8時間	24時間		24時間		24時間		72時間
	1回		1回		1回		

草刈りも「ためない」ほうが、時間がかからないことがわかります

それでは、掃除について考えてみましょう。

◎掃除も「ためない」「まとめない」ほうが時間短縮

掃除も人それぞれ、いろいろなやり方があります。家庭において一番効率が悪いのが年末の大掃除です。年末になると、なぜかみんな忙しくなります。ホームセンターには掃除グッズがたくさん並びます。

私も、年末の大掃除をしていました。私の担当は、窓と風呂。窓の掃除は大変です。わが家には、20カ所の窓があります。この掃除に5時間かかっていました。

実は、7月にも窓の大掃除をしていました。このときも5時間かかります。窓掃除に年間10時間も費やしていたのです。いまは窓掃除にかかる時間は、年間7時間です。なんと3時間近く節約できました。

どうやったのか？　妻と話し合い、私の担当は窓と、床以外の拭き掃除にしました。そして私は1日に10分、掃除をすると決めたのです。

月曜日から金曜日まで、10分ずつ掃除をします。土曜日は予備日、日曜日はお休みです。

・月曜日　２階半分の拭き掃除
・火曜日　２階の残り半分の拭き掃除
・水曜日　１階半分の拭き掃除
・木曜日　１階の残り半分の拭き掃除
・金曜日　窓１カ所の掃除

このように、窓掃除は毎週金曜日にします。

正直、最初は10分以上かけてしまいました。しかし毎週の掃除できれいになっていくにつれ、作業が早まりました。現在はだいたい10分間で３～４枚の窓を拭くことができます。埃や汚れがなくなっていくからです。

前に述べたように、草が成長してから草刈りをすると、３倍の労力が必要でした。窓掃除も同じです。窓にたまる埃や汚れもどんどん「成長」して、作業効率を下げてしまうのです。

たとえば、雑巾をすすぐ時間が増えます。なかなか汚れが落ちず、拭き方が変わってくるからです。年末にまとめて窓掃除をするというのは、窓掃除をしない時間に、埃や汚れをためてしまっていたことになります。

ですから、こまめに窓掃除をすることにより、窓掃除は10分×42週＝４２０分＝７時間（仕事の繁忙期や休養等を考慮に入れて1年を42週で換算）になりました。年末の大掃除が必要なくなりました。しかも、窓はいつもきれいです。

◎買いだめしないほうが結果的に効率的

皆さんは週に何回ぐらい、買い物に行きますか？

買い物はスーパーに行くことが多いと思います。スーパーと自宅の距離などさまざまな制約がありますが、ここではとても近くにスーパーがあり、しかも料理を毎日する家庭という前提でお話ししていきます。

冷蔵庫の中は、どんな状況でしょうか？　買い物から帰って冷蔵庫の中に買ってきたものを入れるとき、入りきらない経験のある人がいるとしたら、とても問題です。

冷蔵庫の中身は本当に必要なものばかりでしょうか？　賞味期限が切れて廃棄するしかない食品が奥のほうにあったり、冷凍庫にもいつ凍らせたか、しかも中身が何かわからないようなものが入ったりしていませんか？

あまり使わないものはどんどん奥に行き、よく使うものが手前になっていきます。奥に追いやられていったものは、忘れ去られることが多いようです。そして年末の大掃除で冷蔵庫を整理してみると、賞味期限の切れたものなどがたくさん出てきます。大掃除しないとお節料理が入りませんしね。

冷蔵庫の収納には適正量があります。中身が滞留すると、買ってきた食品を冷蔵庫に入れるのに時間がかかります。食材を取り出すにも、すぐに見つからず時間がかかります。そして、賞味期限が切れてロスが発生します。

これはお金を捨てているのと一緒です。冷蔵庫を整理して時間をつくり、おいしい料理をつくる時間を増やしてみませんか？

冷蔵庫の中身が頻繁に賞味期限を迎える方は、まとめ買いをしている傾向にあります。それは、買い物に行く回数にも原因があります。

週に1回しかスーパーに行かなければ、1週間分の買い物が必要です。週に3回であれば、2～3日分で買い物は済みます。

ここでは毎日料理をする方が前提になっていますが、料理をする回数が少ない人ほど、都度買い物をしたほうが賞味期限切れも少なくなりますし、「がんばらない効率化」にな

図21　冷蔵庫内の配置の違い

非効率で
賞味期限切れを誘発

上から見た図

よく使うものが手前に集中し、使わないものが奥に追いやられる

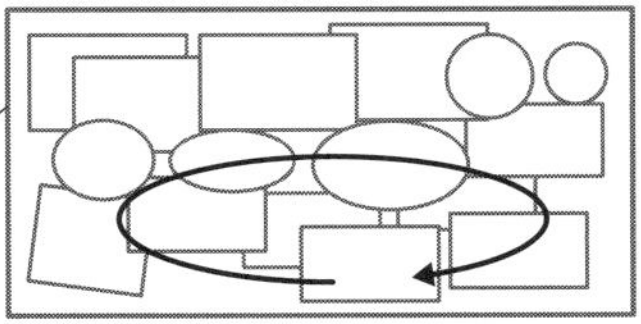

効率的で
ムダな食品と時間を
大幅削減

上から見た図

手前も奥も全体をくまなく活用できる

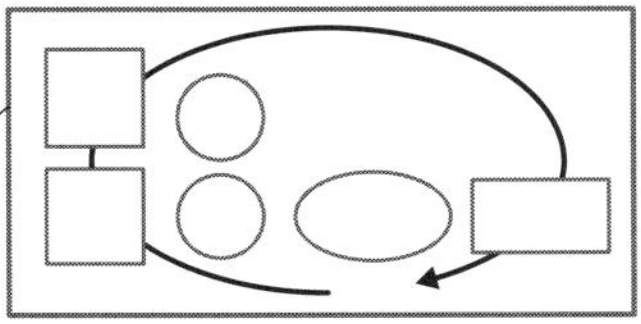

ります。

買い物が週1回の場合、どれぐらいの金額を購入するでしょうか？　1日あたり1500円分の食材が必要としたら、1週間で1万5000円分の食材が必要になります。週3回であれば、3000～4500円です。このとき、買い物にかかる時間はどうでしょうか？　どれぐらいの時間がかかるでしょうか？　人それぞれだと思いますが、理屈から言うと、1万5000円と3000円では、3・5倍の時間の違いがあるはずです。

買い物をするときに選ぶ時間は、単純に3・5倍かかるだけでしょうか？　実は、それ以上かかると想像できます。何を買い物カゴに入れたか確認する作業が発生します。

おそらく頭のなかで想像するはずです。「カレーをつくるから玉ねぎとじゃがいもをカゴに入れたけど、にんじんはちゃんと入れたかしら？」と買い物カゴの中を確認するはずです。食材をどかしながら買い物カゴの中を確認するのは、けっこう時間を使います。会計のあとにレジ袋やエコバッグに入れる時間も3・5倍かかるはずですが、それ以上の時間がかかるはずです。そこから車、あるいは自転車、歩いて帰宅するとなると、3・5倍の重さのものをもって帰らなくてはなりません。これも時間がかかります。

さらには、買い物したものを冷蔵庫にしまうという作業があります。1万5000円分の食材を冷蔵庫にしまうときは、おそらく3000円分の食材のときより多分3・5倍以上の時間がかかります。1万5００円分のほうは冷蔵庫のなかを整理したり、あるいは「冷凍庫がいっぱいだから何か冷蔵庫に移そうかな？」と頭を悩ませたりして時間がかかると想像されます。

これは私の経験や想像の範囲ではありますが、買い物の回数が週1回というのは少なすぎます。理想は週に7回です。しかし現実問題、専業主婦ですぐ近くにスーパーがない限り、毎日行くには移動にかかるコストがあります。おそらく週3回ぐらいが適正であり、あるいは3日に1回が最も効率的なようです。

買い物の回数が多いほうが、賞味期限切れが少なくなり、作業量も少なくなり、そして新鮮な食材が手に入ります。いいことばかりですので、ぜひお勧めです。

また、冷蔵庫の中身は会社でいう在庫と同じです。

会社などでは、商品を発注するとき「発注点」というものがあります。「これくらいの在庫になったら、これくらいの発注をする」というものです。これと同じことをやればよいのです。冷蔵庫の中身は、イレギュラーなものと定番のものとに分かれます。発注点を決めるのは定番のものですね。たとえば、卵とか味噌とかです。そのようにすれば、衝動買いも減りますすね。

COLUMN

コロナ禍の間違った決断

コロナ禍においてはいわゆる「三密（密閉・密集・密接）」が感染を拡大させるとして、回避するよう言われていました。そして、東京都知事の要請により、鉄道会社各社は電車の間引き運転をしました。結果は大変な密をつくり出したようです。

この電車の間引き運転の話を聞いたとき、私は耳を疑いました。思わず、効率化の指導を受けている箭内武先生に電話したのを覚えています。

「先生！　都知事はわかっていて間引き運転の要請をしているのでしょうか？」

私の質問に対して、先生が、

「たぶんわかってないと思うよ」

と言うのを聞き、トップの決断はとても重いものだと感じました。

電車の間引き運転が感染拡大を助長したという結果にはならなかったようですが、とても怖い話だと感じました。

「がんばらない効率化」は、まとめてつくらない、まとめて運ばない。そうすることによって、2割以上の生産性が上がっています。どうしてそうなるかは、説明するまでもありませんね。電車の場合は、間引き運転をすることにより、まとめて運んでいます。ニュースなどではホームが混雑すると言っていましたが、混雑しているのはホームだけではありません。改札口、ロータリーなど、影響は多岐に及びます。駅員さんの仕事も増えているはずです。

そして何より、密になっています。それは、会社でいうと過剰在庫です。意味のない仕掛品です。効率が下がっている状態です。パフォーマンスでなく、本当に密を避けたいなら、電車を増便しなくてはいけなかったのです。

それだけではありません。知事は、スーパーでの買い物を3日に1回にしてほしいと都民に要請しました。実はこれも密をつくり出します。

普段から3日に1回ぐらいだとは思いますが、仮に全員が毎日スーパーに行っていて、全員が3日に1回にしたらどうなるでしょうか？ ここまでの説明や動画などから類推すると、2割以上は生産性が落ちてしまいます。2割というのはとても大きいのです。

誰の生産性が落ちるかというと、お客様が買い物をする生産性、そしてスーパーの店員の方々の生産性です。レジは並ぶし、駐車場もあふれ出します。商品在庫も、品切れと過剰在庫という両極端の状況がオンパレードになります。

実際は多くの方が、もともと3日に1回ぐらいの頻度で買い物をしていたので、大きな混乱にはならなかったようです。

このときも私は、効率化の師匠である箭内先生に電話してみました。

「都知事が買い物を3日に1回にとか言っていますが、間違っていますよね?」

先生の回答は、「もちろんです」というものでした。

私の周りにいる会社の仲間はもちろん、これが間違いだということに一瞬で気がつきました。3日に1回は、余計に三密の状態をつくり出します。まとめ買いする、買い物に時間がかかる、混雑する、そして大量の欠品や過剰在庫などを同時に生み出します。本当の改善策は、時間帯別、年代別で買い物をしてもらい、平準化を目指すことです。

また、このころ、多くの店舗が営業時間の短縮をしていました。実は営業時間の短縮も、三密の状態をつくり出します。同じ数のお客様に短縮された時間内にお越しいただくとしたら、時間も、空間も密集します。

2020年のゴールデンウィーク期間中も、多くの店が休業になりました。それは、実は三密の状況をつくり出しました。一部の店舗にお客様が集中したからです。繰り返しになりますが、トップの決断は本当に重いものです。

◎経理の仕事も学校の時間割のように考える

次は、スケジュールの話です。仕事の進め方と言ってもよいと思います。

私たちの経理担当者はほぼ一人です。その経理担当者は入社時、マーケティングの仕事をしていました。欠員が出て経理の仕事を始めたのですが、そこから簿記の勉強をした、がんばり屋さんでもあります。

私たちグループは全部で９社ありますが、彼女は主要８社の経理を担当しています。M&Aをした会社もありますし、新設した会社もあります。本来グループでなければ、８人の経理がいたことになります。彼女がどうやって仕事をしているかを紹介したいと思います（巻頭のクイズ：４問目）。

彼女は基本的に残業をしていました。残業が極端に減ったのには、もちろん理由があります。理由は主に３つです。

①仕事の順番を変えた

これが一番の理由です。簡単に言うと、仕事を「ためない」「まとめてやらない」ということになります。

どういうことか？　それまでは、月曜日はA社、火曜日はB社、水曜日はC・D社、木曜日はお休みで、金曜日はE・F社、土曜日はG・H社というように分けて仕事をしていました。そのやり方を、毎日、8社すべての経理を済ませる方法に変えました。1日8時間の勤務時間を1時間ずつ、各社の経理の仕事をするように分けたのです。

たったこれだけで、劇的に仕事がスムーズに進むようになりました。

図にしてみましょう。

それまでは、たとえばA社の経理は7営業日ごとに1回行うので、7日分の仕事がたまっていたことになります。7日分の仕事をまとめてやっていたのです。

これは、先の動画からもわかるようにためて仕事をすることで、効率が悪くなっているのです。封筒や配布物というものがあれば、とてもわかりやすいのですが、経理という情報が多い世界では、なかなかこの理屈はわかりにくいものです。先の動画でも20％の仕事の効率化がなされました。仕事の進め方だけで、実は20％の効率化が図られています。

実は、この考え方は私たちグループの仕入事務の担当者にも適用しました。すると、毎月、月の初めにしていた残業がなくなったのです。ここでも20％の仕事の改善がなされたのです。

図22 「時間ピボット法」を活用した時間管理

時間	月	火	水	木	金	土	日
9:00-18:00	A社	B社	C社 D社	休日	E社 F社	G社 H社	休日

時間	月	火	水	木	金	土	日
9:00-10:00	A社	A社	A社	休日	A社	A社	休日
10:00-11:00	B社	B社	B社		B社	B社	
11:00-12:00	C社	C社	C社		C社	C社	
12:00-13:00	休憩	休憩	休憩		休憩	休憩	
13:00-14:00	D社	D社	D社		D社	D社	
14:00-15:00	E社	E社	E社		E社	E社	
15:00-16:00	F社	F社	F社		F社	F社	
16:00-17:00	G社	G社	G社		G社	G社	
17:00-18:00	H社	H社	H社		H社	H社	

上の図のやり方を下の図のやり方に変更しただけです

②税理士との仕事の仕方を変えた

私たちグループの顧問税理士の先生はとても優秀な方です。そこの所員の方々も優秀です。

ですが、私たちの仕事の仕方とどうしても合わないことがありました。税理士事務所の方々は、確定申告とか決算月とかに、まとめて仕事をする習慣があります。

この仕事の仕方の改善をお願いしました。それは毎年繰り返されていた、決算を作成する段階になってたら、あの資料が欲しいとか、固定資産を増加した分の見積書が欲しいとか、議事録を送ってくれといった要望をしないでほしいということです。必要だと思った段階で、期の途中でもいいから「あの資料が欲しい」と連絡してもらいたい、とにかく期末や決算作成時にはすべてが揃っている状態にしてほしいとお願いしました。

それをスプレッドシートにまとめ、私たちの経理担当、経理部長、税理士事務所所員の皆さんで共有しました。その結果、決算作成時は多少の残業があるものの、以前に比べるとスムーズかつ速やかに決算書を作成できるようになりました。

これは劇的な効率化でした。しかもがんばった感や、余計なストレスもまったく残りません。

③VBAなどプログラミングを覚えた

会社でエクセルを使う仕事は多岐にわたります。私たちグループでは、よく基幹システムからデータを抽出します。お得意様から注文をデータでいただくこともありますし、仕入先から請求データをいただくこともあります。また、インターネットバンキングからデータをダウンロード、あるいはクレジット会社のホームページからデータをダウンロードすることもあります。そのデータを利用して、さまざまな仕事をしていきます。

経理の仕事も金融機関のインターネットバンキングからデータをダウンロードし、経理システムにインポートしたり、給与システムからデータを抽出し、送金データとしてインターネットバンキングに読み込ませたりします。そして、これらのことを実行するにあたりデータの成形をします。普通はシステム会社に作成してもらうことが多いと思うのですが、システム会社に依頼するとけっこうな金額がかかります。

そこでわが社ではVBAなどのプログラミング言語を覚え、自分たちでプログラムを作成するようにしました。私たちの経理の仕事に革命が起きたと言っても過言ではありません。

「四の型：時間ピボット法」のまとめ

◎1週間の業務時間を「縦軸」でなく「横軸」で使う。お手本は「学校の時間割」

◎掃除や買い物も「週に1回」より「小まめに」が効率的

五の型

ボトルネック解消法

◎流れを阻害してしまう「ボトルネック」という存在

「ボトルネック」という言葉を、聞いたことがあるでしょうか？　よく生産性の話のなかで出てくる言葉です。ボトルネック（bottleneck）とは、瓶などの首の部分が細くなっていることを指します。瓶に入っている水を出そうとするとき、ネックの部分で流れが詰まってしまいます。ビジネスにおいては仕事の流れのなかで、停滞や生産性の低下が起きている部分のことを「ボトルネック」と言います。

一連の仕事の流れのなかにボトルネックがあることにより、それ以外の工程で仕事がスピーディーに進められていたとしても、全体では仕事が終了するまでに多くの時間が必要となります。全体の最適を図るには、ボトルネックの解消が必要となります。

私たちの生活のなかで、ボトルネックがあるのはどのようなところでしょうか？

ボトルネックはどこにでもあります。たとえば渋滞。一般道や高速道路の渋滞です。渋滞する場所はいつも決まっています。緩やかな坂道は渋滞になりやすいですし、合流するところも渋滞になりやすいです。2車線が1車線になるところもそうですね。渋滞を抜けると、どうして渋滞になっていたかわからないように感じるところもあります。

　これらは、車の流れが悪くなるから起きる現象です。このボトルネックを解消すべく、緩やかな坂道のところに「坂道減速注意！」と表示されていたりします。合流地点でも合流するのではなく、車線を増やしたりする工事が頻繁に行われているようです。

　また、駅にもボトルネックは潜んでいます。多くの駅にはエスカレーターがあります。いろいろなパターンがあるのですが、エスカレーターだけのところ、階段だけのところ、エスカレーターも階段もあるところなどが混在しています。

　ここで面白いことが発生します。電車から多くの人が降りてくると、エスカレーターだけのところは渋滞が発生します。階段だけのところは、電車から多くの人が降りてきても階段の前で大渋滞になることはありません。

　階段は5列以上になって上れます。しかし、エスカレーターはせいぜい2列です。しかも右側は歩く人用、左側は歩かない人用という暗黙のルール（関西の場合は左右が逆のようですね）がありますから、実質1列と言っていいかもしれません。

　そのためエスカレーターだけのところは、ラッシュアワーのたびに大渋滞です。エスカレーターという便利なものを導入して、時間がかかるようになってしまいました。電車から降りた人が全員、改札口を出るまでに、前よりもはるかに時間がかかっています。

◎なぜ、渋滞は起きるのか。ボトルネックの社会実験

自動車を運転しているとき、なるべく早く目的地に到着したいと思う人が多いですよね。そのために多くの人が、スピードを出します。実は、このスピードを出すという行為が渋滞を招く原因になっています。

とてもスピードを出している車があるとします。スピードを出しているだけならまだいいのですが、スピードを出せば、前の車に近づきます。すると前の車をあおり、近づいたり、ブレーキを踏んだり。渋滞と関係ないと思うかもしれませんが、実は大ありです。

時速100キロで走っている1台目の車がブレーキを踏んで80キロに減速したら、2台目の車も80キロに減速するでしょうか？　実は2台目の車は、さらに余裕を見て70キロに減速します。そして3台目、4台目も余裕を見て、前の車よりさらに減速していきます。そして、ついには完全に止まってしまいます。こうやって渋滞は発生します。

ある社会実験をテレビで見たことがあります。西成活裕《かつひろ》先生という渋滞学の専門家がテ

レビに出演していました。高速道路を、先頭車がどんなに前が空いていようと時速80キロで走るとどうなるかという社会実験でした。追い抜き車線も、走行車線も80キロで走る車が先頭にいます。この速度でも一定のスピードで走っていれば、なんと！　渋滞は起きませんでした。流れが一定のスピードだと、淀《よど》みが生じずに渋滞が起きないのです。

この実験で、ボトルネックはどこでしょうか？　ボトルネックは、先頭の自動車にあります。「えっ？」と思いませんか？

すべての自動車が先頭自動車と同じ時速80キロで走っていれば、事故などアクシデントでもない限り、みんなスムーズに走行できます。これらの自動車の時速の上限、つまりボトルネックは「80キロで走っている先頭自動車」と言えるのです。

見方を変えれば、すべての自動車をスムーズに走行させる（ボトルネックを発生させない）ためには、「すべての自動車が先頭の自動車以上に速く走らない」すなわち「すべての自動車が先頭の自動車のスピードに合わせる」ということになります。

これが「ボトルネック解消法」なのですが、まだまだわかりにくいかもしれません。もう少し、詳しくお話ししていきましょう。

◎ みんなで仲よく山登りするにはどうすればよいか

ある年、私は山形県の月山《がっさん》に登り、山頂にある神社に参拝しました。10人ぐらいで登ったのですが、そこに一人、わが社から参加したちょっと太めの大男がいました。彼のあだ名は「よっち」と言います。

登山道は一列縦隊で進みます。私は先頭から5番目の真ん中ぐらいにいて、私の後ろは、よっちです。

登っている途中、よっちが遅れ始めました。やはり身体が重いので、どうしてもみんなより遅いのです。

そしてよっちはだんだん、みんなに抜かれていきました。先達《せんだつ》さん（道案内人）は途中、休憩を入れます。よっちを待つために、みんなが休憩し、やっと息を切らしながら汗だくのよっちが現れると、よっちの休憩はせずに、「では行きましょうか！」ということになりました。

このときに、ある本のことを思い出しました。『ザ・ゴール――企業の究極の目的とは何か』（エリヤフ・ゴールドラット著、三本木亮訳、稲垣公夫解説、ダイヤモンド社）という本です。

その本には「一番遅い人に先頭を歩かせろ」という意味のことが書かれていました。そこでよっちを先頭にすることにしました。全員が山頂に到着するには、よっちのスピード以上にはなりません。それまで10人の列は長ーくなっていました。よっちが先頭を歩けば、列の長さがとても縮まるので、風景を見る余裕もできるし、みんなとおしゃべりしながら登れます。まぁ、よっちは、それどころではなかったとは思いますけど。

そうやって、よっちが先頭になってからシャカリキに登る必要もなくなり、よっちに合わせながら最低限の休憩で、とても楽しい参拝ができたのです。

ここで「ボトルネック以上にスピードは上がらない」ということを学びました。

山登りでは、一番スピードの遅いよっちを先頭にすることによって、列が伸びることなくスムーズに山頂まで到着することを学びました。これは、自動車と電車で比較するととてもわかりやすいです。

自動車を運転する人はそれぞれの意思があり、台数分だけの人の判断・決断が繰り返されます。それぞれスピードの定義が違うかもしれません。もしかしたら、ある自動車の100キロとある自動車の100キロは、スピードメーターの数値が同じでも、実際の速度は違うかもしれません。

10台が1列に連なって走っても、それぞれスピードが違えばあっという間に各々の車の車間距離は広がるはずです。仮に車線が一車線で追い越しができない場合、運よく先頭に一番安全運転でスピードの遅い車がいたらラッキーで、車間距離はそれほど広がらないかもしれません。

一方、電車はどうでしょうか？　電車の場合は、連結しています。10両あっても、1両目から10両目までつながっています。運転手さんは一人です。判断・決断するのはこの運転手さん一人ですし、スピードは運転手さんの判断・決断に委ねられます。10両あっても、車間距離が広がることはありません。もちろん10両目の車両が9両目を追い越すこともできません。

先に紹介した山登りでは、一番遅い人を先頭にすることによって、強制的に自動車の列ではなく、電車のような列にしたのです。

◎渋滞の話をビジネスに置き換えてみる

渋滞の話をビジネスに置き換えてみます。

仕事のなかでのボトルネックは、どのように考えるか（巻頭のクイズ：5問目）。

ここにA工程、B工程、C工程、D工程、E工程と、全部で5工程の生産ラインがあります。わかりやすく、すべての工程はつながっているとしましょう。すべての工程が同じ時間かというと、そうではありません。ある工程では時間がかからないのに、ある工程では時間がかかるなんてことは、当たり前です。

この生産ラインでは1個の製品をつくるのに、A工程は10秒、B工程は5秒、C工程は8秒、D工程は12秒、E工程は7秒かかります。では、何秒で1個を製造できるでしょうか？

最初の1個目は、A工程10秒＋B工程5秒＋C工程8秒＋D工程12秒＋E工程7秒＝42秒です。2個目は12秒です。3個目も12秒です。どんなにがんばっても最も時間のかかるD工程の12秒が、このライン全体の生産能力なのです。

「ほかの工程はD工程より生産能力があるのに、宝の持ち腐れだな」と思われるかもしれません。そのとおりです。D工程がスピードアップできたら、生産ラインとしての能力はアップします。

しかし現状、B工程やC工程の速さは宝の持ち腐れどころか、仕掛品を増やすというデメリットしか生み出していません。B工程の人が今まで以上に早く仕事をしたら、B工程とC工程の間にたくさんの仕掛品ができます。C工程とD工程の間にも、たくさんの仕掛品ができるでしょう。その仕掛品はたくさんの在庫となり、増えるほどに新たな置き場所をつくったり、別の場所に運んだりなどの余計な仕事が発生してしまいます。作業の効率は確実に低下します。

ここで思い出してほしいのは先ほどの山登りの話です。

山登りでは、一番遅い人を先頭にすることにより、強制的に登山グループのスピードを一番遅い人に合わせました。生産ラインでも同じことをすればよいのです。D工程のスピードに合わせて製造すると、仕掛品がなくなり、とても楽になります。

そして、次に行うのがD工程の能力アップです。D工程は1個を生産するのに12秒かかり、次に生産能力が低いA工程は10秒です。まずはこの10秒を目標とし、D工程も10秒でできるように考え、工夫します。そうすれば、この生産ラインは10秒で1個を製造できるようになります。ビジネスの世界では、このようにしてボトルネックの解消を試みます。

しかし、ボトルネックの解消方法はこれだけではありません。そのほかの方法を考えてみたいと思います。

◎小さい道具がいっぱいあったほうが効率的

「二の型：複数人分業からの一気通貫変換法」で述べた郵便物の開封の話では、一気通貫で効率よく作業するために、はさみが2本、必要になりました。「三の型：大から小に変換法」でお話しした小さな平台車は、大きな板パレよりも多くの数が必要になりました。小は大を兼ねるのですが、代わりに多くの数が必要になります。ここでは「道具は多くあったほうが効率的になる」というお話をしていきます。

私たちの「がんばらない効率化」の師匠である箭内武先生が初めて会社に来てくださったとき、私は先生を味噌工場に案内しました。

私たちは金山寺味噌を製造しています。金山寺味噌にはいろいろな野菜の塩漬けが入っているのですが、メインの茄子は漬け込む前に、次のような作業をしていました。

ヘタを切り落とす→テンタル（プラスチック製の樽）に1トン分の茄子がたまったら、洗浄機に入れて洗う→洗浄機から取り出した茄子を大きな容器に移して水気を取る→再びテンタルに入れ、塩漬けの工程に進む

ところが箭内先生は、1トン単位で茄子を洗っている洗浄機の前に立ち、「この洗浄機、必要ですか？」と言いました。

初めは何を言われているのか、わかりませんでした。

図23　金山寺味噌製造の作業工程

改善前
茄子のヘタを切る
茄子1トン
ためる
1トン分をまとめて洗浄する
洗浄機からすべて出して水気を切る
テンタルに入れて次の工程へ
改善後
茄子のヘタを
一つ切ったら、
そのまま水をためた
小さな容器に入れて洗う
次の工程へ
工程がとても
短縮されるのと同時に、
茄子を洗浄するという目的は
達成されています

「洗浄機を使わないとすると、どうやって洗えばいいですか？」

私が聞き返すと「ラーメンを茹でるときに使う湯切りで洗えばいいんです」と先生。

一瞬の沈黙。鳥肌が立ちました。そして、私を含む数人が「そっか！」と声を上げました。

私たちはその後、茄子の洗浄機を思いきって処分してしまいました。そろそろ買い替えが必要な時期でしたし、買い替えるとなると３００万円以上かかります。その設備投資を考え始めた矢先でしたから、箭内先生の言葉で「洗浄機はいらない、代わりに湯切りを買おう！」ということになったのです。

1トンの茄子を湯切りで洗う？　では、それ以前の方法と、現在の方法とを比較してみましょう。

以前は茄子1トンを洗浄するのに2時間かかっていました。内訳は準備に30分、茄子の洗浄に1時間、機械の洗浄に30分。茄子を洗う時間は正味1時間ということです。

それを洗浄機の代わりに、ラーメンの湯切りを使って洗う方法に変えました。ヘタを切り落とした茄子を湯切りに入れ、洗浄機よりずっと小さな容器にためた水で洗うのです。

ヘタを切り落とす作業はもともと手作業ですから、切り終わった茄子をそのまま湯切りに入れておいて洗えば、すぐ次の工程へ進むことができます。洗うという作業を、ヘタを切り落とす作業のなかに組み込んでも、作業時間はさほど変わりませんでした。機械で洗浄する時間が、まるまる必要なくなったわけです。

この洗浄機はとても大きかったので、なくなった分だけ動線がよくなり、作業効率が上がりました。また、相当量の水を使用していましたから、水量の大幅削減にもなりました。

ただ、必要な道具の数が増えました。

洗浄機は1台でよかったのに、湯切りは5個必要……ですが、お釣りが来ますね。

まるで魔法のような出来事でした。

◎ゆっくりやると、ムリなく速く仕事がはかどる

私たちの味噌工場ではいつも、注文に生産が追いつかないという現象が起きていました。それは悩みの種であり、「みんながんばってくれているのに、なんでだろう?」と思っていました。

味噌工場の最終工程は包装です。包装の工程では、包装機が活躍します。

金山寺味噌を包装機が自動で計量し、パックに詰めます。そして自動で蓋《ふた》をして、シー

ルが貼られた状態の製品が1個ずつ機械から出てきます。

この1個ずつ出てくる時間が問題でした。以前は1・5秒に1個のスピードで出てきたのです。

箭内先生が初めて来社した当時は、包装機全体の管理と味噌の充塡をする人が一人、包装機の出口で完成した商品を検品する人が一人、商品を段ボールに詰めてガムテープで段ボールの蓋をし、台車に載せる人が4人という、合計6人がこの包装機で仕事をしていました。

みんな追われるように仕事をしていました。商品が出てくるスピードが速く、途中にターンテーブルを置いて、仕掛品をためたりしていたのです。

私たちは、機械から商品が完成して出てくる時間を「タクトタイム」と呼んでいます。先生は「タクトタイムを長くしなさい」と言いました。そんなことをしたら、商品が出てくる量が減ってしまいます。しかし言葉に従い、タクトタイムを2・5秒に設定してみました。

すると、それまでに比べてとてもゆっくりになったため、6人でやっていた作業を3人でできるようになりました。仕掛品がたまることもなくなりました。言い換えれば、生産ラインが短くなったのです。

段ボールにガムテープをする機械がありましたが、その機械のところまで２歩ぐらいで運ぶ必要がありました。その時間も含めて、機械で段ボールにガムテープをする時間と、人が段ボールにガムテープをする時間とを計ってみると、人が段ボールにガムテープをするほうが早かったのです。

そこで段ボールにガムテープをする機械を、仕掛品をためておくターンテーブルと一緒に取り払いました。工程は**図24**のように変わりました。

商品が出てくるタクトタイムと、作業をする人の作業時間が合っていて、余裕ができました。動き回らなくてよいので、身体も楽です。

図24　作業速度を落とした際の配置

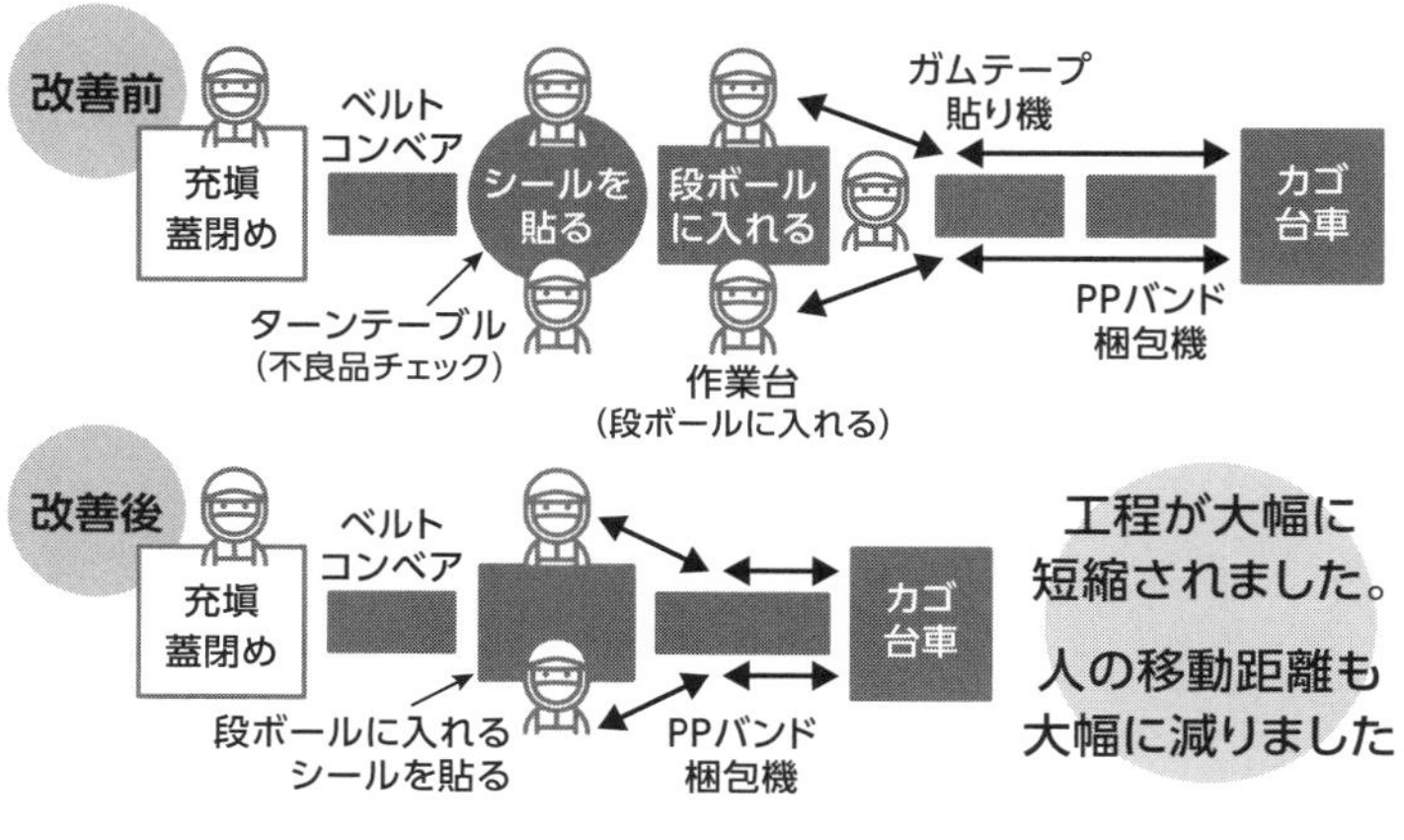

しかし当然のことですが、生産量は減ります。タクトタイム1・5秒を2・5秒にしたわけですから、生産量は40%減ることになります。そして作業人数は50%減少しています。生産量が減っては、本来の趣旨と変わってしまいます。

私たちにはもう1台、包装機がありました。本当は少し違うのですが、もし、これがまったく同じ機械だったらどうでしょう。

同じ機械を使い、同じタクトタイム（2・5秒）で、同じ人数（3人）で作業すれば同じ量を生産できます。

ちょっとわかりづらいので、仮に最初の生産量を1万個として表にしてみ

図25 タクトタイムの変更による生産量の違い

■ タクトタイムを速めた場合

タクトタイム	生産時間	人数	生産量	1人あたりの生産量
1.5秒	4.17時間	6人	10,000個	1,667個

■ タクトタイムを遅くして2台の機械で作業した場合

タクトタイム	生産時間	人数	生産量	1人あたりの生産量
2.5秒	4.17時間	3人	6,000個	2,000個
2.5秒	4.17時間	3人	6,000個	2,000個
合計		6人	12,000個	2,000個

同じ人数で作業したにもかかわらず、生産量を増やすことができました

ます（図25）。

同じ人数で2台の機械を動かしたほうが、生産量が上がることがわかります。実際はもっと生産量が上がります。

この事例では、自分たちで勝手にボトルネックをつくっていたことになります。ボトルネックは、シールを貼る作業と段ボールに商品を入れる作業のところです。ここを解消するために、5人を投入していたことになります。そのボトルネックをタクトタイムの調整により、解消したのです。一生懸命に人数を投入して解消しようとしましたが、その試みは間違っていました。

しかし、ここでも、包装機という道具が1台増えました。今回はもともとあった機械を活用しただけなので、設備投資は必要ありませんでしたが。

また、タクトタイムを長くすると、商品の種類もたくさんつくれるようになります。種類がたくさんつくれるようになったのは、使う道具が増えたからなのです。

◎ゆっくり流して、さらに小さな機械を購入

そして、私たちはさらに欲張りになります。もっと商品のアイテム数を増やしたいと思うようになりました。そのほうが、品切れも少なくなります。

そのために自動計量器を3台購入しました。自動計量器にしてはとても安価な機械です。その機械は、金山寺味噌のような商品の重さを計量し、必要な分だけストンと容器に落とします。そのあとは人が作業をします。落ちてきた商品を容器で受けて蓋をし、シールを貼って、段ボールに詰めます。

この一連の作業は一個につき6秒かかりました。6秒というのは、実際に数えてみるとかなりゆっくりです。

ゆっくりですが、一人あたりの生産量は2500個で相当増えます。最初に6人でやっていたときの1・5倍ぐらいの生産量になります。もし機械が6台あったら、1万5000個をつくれます。

この考え方は「セル生産方式」と呼ばれるもので、製造業では採り入れているところが多いようです。食品製造業ではまだまだ少ないのですが、私たちはこの方式を採り入れました。

すると、生産量が格段に上がりました。しかも、さまざまな種類の商品を同時につくれるようになり、欠品が減りました。

◎商品の種類をどうやって増やすか？

ここまで、一つだったラインを複数にするお話をしてきました。

最終工程の袋詰めのラインに大型の立派な機械を導入し、代わりに「袋詰めラインはこれ一つだけ」という食品工場は少なくありません。

私が見たあるメーカーも、落花生を加工した商品を40種類もつくりながら、最終の袋詰めのラインは一つで賄っていました。機械は自動計量や自動包装の機能も備わった立派なものでした。原料を投入すると、包装が終わった状態で製品が出てきます。作業員６人がそれを段ボールに詰めれば作業完了。タクトタイムは1秒を切っていました。

なかなか優秀なタクトタイムですが、そのメーカーの商品は納期が遅れがちでした。２カ月前に発注しても納期に届かなかったり、数量が揃わなかったりして、仕入れる私たちも入荷予定が読めないところがあったのです。

生産ラインの話を詳しく聞き、納期が遅れる理由がわかりました。

このメーカーは基本的に1日1種類の商品をつくり、2種類つくることは稀《まれ》だと言います。なぜなら「段取り替えに時間がかかってしまう」からとのことでした。

製造日数が1カ月に20日間とすると、商品数40種では製造チャンスが2カ月に1回ということになります。つまり1回の製造で、2カ月分をつくる必要があります。

しかし、たとえ2カ月分の在庫をつくろうとも欠品になるときは欠品になります。売れ行きがよい商品とはそういうものです。また、食品ですから賞味期限が切れてしまう場合もあります。

そうならないように、ほかの商品をつくるスケジュールの間にイレギュラーでその商品の製造を組み込んだりすることもあるでしょう。すると、そのせいで予定がさらにズレていき、結果的に納期が遅れるという

図26　タクトタイムをさらに遅くした場合の生産量

タクトタイム	生産時間	人数	生産量	一人あたりの生産量
6秒	4.17時間	一人	2,500個	2,500個

ゆっくり作業したのにもかかわらず、生産量が大幅にアップしました

ことが起こりがちなのです。

どうすればスムーズに製造できるようになるでしょうか？　答えはお察しのとおり「ラインを2つにし、タクトタイムをゆっくりにする」です。

2つのラインで別々の商品を生産すれば、一つの商品の製造チャンスは1カ月に1回となります。これで欠品の問題は解決方向へいくと思われます。また、2ラインあるので1ラインに倍の時間をかけても、1日の製造量は同じです。生産性が低下することはありません。

自動計量包装機もそんなに立派なものでなくてもよいのです。または、手詰めでもよいぐらいです。

実はこれ、「四の型：時間ピボット法」にも通ずる考え方ですね。

そして、ボトルネックを解消するには、まずはボトルネックの部分の生産性を上げるという方法があります。ボトルネックに人を投入したり、さらに生産能力のある機械を投入したりします。さらには、ボトルネックに合わせて前後を調整し、ボトルネックの前後の生産能力を下げるという方法です。人はさまざまな事例からも、なかなかこの選択はしないことが多いようです。

もっと言うと、もう1ラインつくってから、ボトルネックに合わせて前後を調整するという方法もあります。そのときには、「二の型：複数人分業からの一気通貫変換法」も応用できるのです。

「五の型：ボトルネック解消法」のまとめ

◎ボトルネックとなるものに合わせて、ゆっくり進めていくほうが「たまらない」

◎スピードアップよりも、ゆっくりとしたスピードで「ためない」ことのほうが結果的には効率的に物事が進む

第4章

「がんばらない効率化」をコミュニケーションで飛躍させる

◎コミュニケーションの円滑化で物事が動き出す

コミュニケーションが円滑になると、組織はとてもスムーズに動き出します。「自分がもう一人、いたらいいのに！」と言う方もいますが、それでは「私はコミュニケーションがうまくできない」と言っているようなものではないでしょうか。

会社は数人で創業することがほとんどです。個人事業主なら始めたときは一人であり、コミュニケーションせずともすべて自分だけで完結できます。

しかし2人になったとたん、コミュニケーションが必要になります。報告・連絡・相談の「ホウレンソウ」をはじめ、指示や命令、時には叱ったり、ほめたり、共に笑ったり、悔しがったり。

コミュニケーションをよくするにはどうすればよいかというと、とにかく、感謝を根底にお互いに交流に努めるということです。多くのことに感謝できる状態のとき、なぜか意思疎通も深まり、コミュニケーションも自然にとれていきます。それは、おそらく接しやすい雰囲気を出しているからでしょう。

真のコミュニケーションのよさを会得して、自然とコミュニケーションをとれる状態にしていくのが、「がんばらない効率化」につながります。組織におけるコミュニケーションに関する詳しいことは多くの方が本にまとめ、あるいは指導をしていますので、そちらに譲るとして、とにかくコミュニケーションをよくすることも「がんばらない効率化」につながるということを覚えておいてください。

◎「遠くの親戚より近くの他人」が頼りになる理由

「遠くの親戚より近くの他人」ということわざがあります。意味としては、いざというときに頼りになるのは、遠く離れて暮らす親戚ではなくて、近所に住んでいる他人のほうだということです。

親戚というのは遠方で暮らしている人も多く、顔を合わせるのは年に1回とか数年に1回、下手をすると「小さいころに会ったことはあるけど」……なんてこともあります。血のつながっている親戚であっても、遠く離れて暮らしていれば行き来も少なくなります。すると、少しずつ情も通わなくなってくるもので、万が一の急を要する出来事が起こっても助けてくれることはないかもしれません。

それより赤の他人であっても、普段よく会っている近くにいる人のほうが、かえって力になってくれるものです。ことわざとして残っているということは、そのことを実感している方が多いということでしょう。

「遠くの親戚より近くの他人」というのは、物理的距離の問題と心理的距離の問題、そしてその両方が絡んでいる場合があります。昔の学生時代の友人と久しぶりに会うと、タイムスリップしたかのように、当時と変わらず楽しい時間を過ごせるものです。それは、学生時代に長い時間を共有したからだと思います。

毎日毎日、顔を合わせ、楽しいことも、つらいことも共有した友人というのは、会えばすぐに昔の関係性を取り戻せます。このケースは、心理的距離は近いけれど、物理的距離は遠い関係と言えます。

隣に住んでいるご近所さんであっても、めったに顔を合わせることがない場合は、物理的距離は近くても、心理的距離は遠いということになります。近くの他人でも心理的に近くないと、やはりいざというとき頼みづらいものです。普段からご近所の方とは仲よくしたほうがいいですね。

私たちの会社での出来事ですが、とても面白いことがありました。

入社して数年の一人暮らしの男性がいました。ここでは名前をO君とします。O君はいまも在籍中で、営業のエースと言ってもいい人物です。会社が休みの日、私はオフィスで仕事をしていました。周りには数人がいた程度です。しばらくすると、O君が会社にやってきました。

「あれ？　休みじゃなかった？」と声をかけると、「すみません社長。あの、歯が痛いんです……」と言うではありませんか。顔を見ると、右の頬がぷっくりと腫れていました。「すぐに歯医者へ行きなよ！」と言うと、「連休で歯医者、やってないんですよ」と涙声のＯ君。本当に痛かったのでしょう。

Ｏ君は「会社へ行けば、なんとかなる」と思ったようです。私は、うちは歯医者じゃないぞと思う反面、頼りにしてくれたことが少し嬉しかったのを覚えています。結局、すぐに休日診療の当番医に電話して、診療を受けることができました。

私は「遠くの親戚より近くの他人」という言葉を聞くたび、このときのことを思い出します。ことわざに実感が伴うような経験をさせてもらい、「普段からのコミュニケーションが大切だ」と思うようになりました。

毎日、数分でいいから顔を合わせ、挨拶を交わす。そうすることで意思疎通ができ、心理的距離が近くなります。

これも「がんばらない効率化」に通じるところがあります。コミュニケーションを「ためない」ということです。１年よりも１カ月、１カ月よりも１週間、１週間よりも毎日――。少ない時間でもいいから、挨拶や会話をすることが心理的距離を近くするコツと言えます。

そして、意思疎通できる人が増えれば何事もスムーズに進み、自分自身の生活が豊かになっていきます。

◎「行商のおばさん」から考える仕事のコミュニケーション

組織のなかで働いていると、コミュニケーションがとても重要になってきます。人が複数いれば、気の合う人と気の合わない人がいるのは仕方ないことです。それでも毎日、顔を合わせて仕事をしなくてはならない相手もいます。

「コミュニケーション」と外来語で言いますが、日本語にすると「伝達」です。何を伝達するか？　情報と意思と感情です。その方法は、報告・連絡・指示・命令・叱る・ほめる、などなどですね。手段は会話、メール、電話など多岐にわたります。

そして、組織が効率よく動いていくためにも、コミュニケーションは必要になってきます。

そもそも、なぜコミュニケーションが必要になったのでしょう？　たった一人で始めた会社の場合を考えてみましょう。

私が尊敬する方の一人に、経営コンサルタントの小宮一慶《かずよし》氏がいます。氏はコンサルタント養成講座などで、よく「経営の原型を考えるときは、行商のおばさんのことを思い浮かべればよい」と話しています。

実に具体的でわかりやすい内容なのですが、私はあるとき「経営にまつわる組織のコミュニケーションの重要性も、この『行商のおばさん』の話で説明できるんじゃないかな？」と思考を巡らせました。

以下のたとえ話は、それに基づいたものです。

行商のおばさんは、港や浜で魚を仕入れ、それを街に運んで売っています。ゴザの上に商品を並べ、買ってくれたお客様から代金をいただきます。11時から販売し、午後2時ごろには完売します。

どうして街で売るかというと、港や浜では魚の価値がそれほど高くないからです。街に行けば価値が高まるので、そこで利益を得て生活費にします。原価分は、また次の日の仕入れに回します。

ものすごくシンプルな商売です。ものすごくシンプルなビジネスモデルです。でもこれが、商売の原点ですよね。すべてを一人でこなしています。

いつしか「仕入れをもっと多くすれば、利益も多くなるのでは？」と思うようになり、利益分を削って仕入れ代に回しました。3時までかかりましたが、完売しました。売り上げアップです。

多くのお客様が「おいしい魚をありがとう！」「おばさんのところの魚は活きがいいな」と喜んでくれて、それがおばさんの生き甲斐になりました。「もっと多くの人に喜ばれたい」と思い、さらに仕入れを多くして夕方5時まで販売。娘が手伝ってくれるようになりました。この時点で行商というビジネスは組織として動き出します。

そのうち「朝9時から販売できないかな」と考えたおばさんは、娘に仕入れを頼みます。おばさんの行商に「売上部門」と「仕入部門」ができました。

最初は3時間だった営業時間が、現在は8時間に。売り上げは3倍近くになりましたが、利益の割りあては自分だけでなく娘の分もあります。

ある日、ちょっと強面《こわもて》の人がやってきました。

「おい、誰に断ってここで商売してるんだ！　ここは俺たちのシマだ、ショバ代払え！」

おばさんは仕方なく、そこから近い場所に小さな店を借りました。コンプライアンスの確立です。家賃はかかりますが、これで天気が悪くても販売できます。

販売が忙しく、息子にも手伝ってもらうことにしました。仕入れの仕事は魚の運搬もしなければなりませんので、娘は販売に、力のある息子を仕入れに回しました。しかし息子は仕事に就くのが初めてで、仕入れのことも販売のこともよく知りません。お客様がどんな魚を欲しがっているかわからず、漁師の言いなりに仕入れて、店は売れ残りを出すようになってしまいました。

そこでおばさんは、息子にいろいろ教えました。研修の始まりです。それでもしばらくは覚えきれないだろうと思い、息子に販売をさせ、仕入れは自分がすることにしました。ジョブローテーションです。

娘に「彼とデートしたいの。たまにはお休みがほしいわ」と言われ、おばさんは毎週日曜日を定休日にします。労務管理が始まりました。

ここで、おばさんは、行商というビジネスを法人として運営していくことを決意します。新しく会社を設立したのです。

休みなく働いてきたおばさんもひと息ついて、いろいろなことを考えてみました。

おばさんは仕入れのたび、現金をもっていき決済をしていました。「面倒だから月１回にしてもらえないかな」と考え、漁師に相談すると「こっちもそのほうがいい」と話がつきました。買掛金管理の始まりです。

お客様のなかには大きな料亭の主人などもいて、「掛けにできないか」と言われていたので、こちらも了承しました。売掛金管理の始まりです。

ここまで来ると、おばさんが一人で事務仕事をするには無理があります。帳簿をつけなくてはいけないし、ほかにも仕入管理、売上管理、売掛金管理、買掛金管理、労務管理……。事務の人を頼むことにしました。

ある日、仕入れで失敗がありました。多く仕入れすぎたのです。おばさんは仕方なく、残った魚を佃煮にしました。佃煮にすれば今日中に売れなくても、2～3日は販売できます。

そうして製造部門ができ、製造管理も必要になりました。また在庫ができたので、在庫管理や倉庫管理も必要です。

その佃煮にクレームが入りました。髪の毛の混入で品質管理が必要に。これらすべてに担当者を付けるわけにはいきません。おばさん一人でがんばっていたのですが、もう限界です。

製造部門の採用、倉庫部門の採用、品質管理部門の採用。どんどん人が増えていきました。そして、おばさんは店に立ち続けました。

おばさんは思います。

「一人でやっていたほうが気楽だったな。全部自分でできたし、教えなくていいし、取り分も多かったし……」

一方で「でもその分、喜んでくれる人が増えたな。それに、たくさんの仲間ができた。この仲間と共に歩んでいきたい！」とも思っています。

けれどもおばさんは、何かが薄まっている感覚を拭《ぬぐ》いきれませんでした。

仲間のなかには魚のことを知らない人がいます。魚のことは知っているけれど、お客様の気持ちがわからない人もいます。販売を知らずに製造だけをしている人。仕入れも販売もしたことのない事務の人――。一人ひとりはがんばってくれています。そのことはおばさんも十分に理解し、感謝しています。

それでも、どうしても気になるのです。「私だけのときより、一人ひとりの想いが薄まってしまったんじゃないかな」と。

行商を会社という組織にして運営するなら、このおばさんのように、否応なく分業を取り入れなくてはなりません。それがうまく機能していれば問題ないのですが、時には円滑に回らなくなることもあります。

分業では、仕事と仕事の間に必ず人が介在します。人は個々に異なる感情や、異なる能力をもっています。そんな人々が共に仕事をするには、スムーズなコミュニケーションが不可欠です。

「コミュニケーションが大切なことはわかっている」「わかっているから、仕事現場でも配慮している」と言う方も多いと思います。わかっているにもかかわらず、うまくいかないことがあるのはなぜでしょうか。

私は、組織のコミュニケーションをよくしようとするとき、最もムダなのは相手に気を使いすぎること、気を使わせすぎることだと思っています。相手に何かを依頼する場面の第一声が「すみません」だとしたら、言ったほうは気を使っていますし、言わせたほうは気を使わせています。そこにあるのは不必要なためらいです。目に見えないコストが発生していることをわかっていただけるでしょうか。

組織にとって最も大切なものは、行商のおばさんが「想い」を薄めずにいられるような、風とおしのよい社風です。そのために円滑なコミュニケーションが必要であり、円滑なコミュニケーションによって理念や信念を含めた「想い」を共有することができるのです。

理屈で人は動きません。理屈を超えた想いが伝わり、人は動くのです。

では、どうすればよいのでしょうか？　そこで必要になるのが指導であり、育成です。コミュニケーションをよくすると組織が一体となり、まるで一つの生き物のように円滑に動き出します。それが、「がんばらない効率化」につながっていきます。

行商のおばさんはその後、どうなったでしょうか？

世の中に会社は何百万社とあります。その多くが、おばさんのように少人数で始めたものです。

毎年、たくさんの数の会社が生まれ、たくさんの数の会社が退場します。コミュニケーションがよく、業績のよい会社もあれば、コミュニケーションが悪く、業績の悪い会社もあるでしょう。それらすべてが、おばさんの会社のその後と言えます。

◎コミュニケーションをよくするたった一つの方法

では、社内でコミュニケーションをよくするにはどうすればよいでしょうか?

私たちのグループは、外部の方から見るとコミュニケーションのよい会社に見えるようで、「どうやっているのですか?」とよく聞かれます。少し、私が経験したエピソードをお話しします。

あるとき、ある団体がテーマパークの会社の方を迎えて講演会を開催しました。私は主催者側の代表で、開演前に30分ほど、控室の講演者に挨拶をしました。かつて有名なテーマパークの役員を務めた方ですので、一対一でお話しする機会などそうそうありません。とてもラッキーだったと思います。私は、ぜひ聞きたかったことを質問しました。

「御社のテーマパークでは、皆さん生き生きと働いていらっしゃいますね。ゴミが落ちていたら一目散にやってきて、すぐにホウキとチリトリできれいに掃除する。どうしてそんなことができるのですか?」

その方は事もなげに言いました。

「そういうふうに、しているんですよ。そういうふうにすればいいんだ」

私は一瞬、頭のなかが「?」でいっぱいになりましたが、すぐに「そうか! そうすればいいんですね」と肚《はら》に落ちました。

私たちのグループ会社には、コミュニケーションに関する教育プログラムがあります。「挨拶はきちんとするように」という指導もありますし、その目的も常々かみ砕いて話しています。しかし、それだけではコミュニケーションはよくなりません。

毎日のように部門長朝礼で、経営理念についての話をします。経営理念のなかに「大切にする」というフレーズがあります。私たちの「大切にする」は、お客様、お得意様、仲間、商品、メーカー、生産者、物、想いやり、礼儀、家族、恋人、自分自身、世の中全体を対象にします。そして大切に想う根底には、感謝の気持ちがあるということ。「一つひとつを大切にし、一秒一秒を大切に生きていこう!」と話しています。

多くのことに感謝できる状態のとき、相手との意思疎通が自然に深まり、コミュニケーションも自然にとれていくのだと思います。朝起きたとき、自然と出る笑顔、自然とみなぎるパワー。そんな状態で多くの方と接することが、真のコミュニケーションのよさです。

あの人と話したくないとか、あの人が嫌いだとか、そんなことにくよくよして、悩みながら、がんばってコミュニケーションをとるのではなく、自然とコミュニケーションをとれる状態にしていくのが、「がんばらない効率化」につながります。スムーズに気持ちよく、物事が進んでいく。日本全体が、そんな組織、仲間の集団であってほしいと思います。

◎モチベーションが「がんばらない効率化」を実現する

「モチベーション」という言葉があります。モチベーションとは、動機のことですね。ビジネスの世界では、組織内での業務意欲を意味しています。

あるとき友人のKさんが、職場の仲間のモチベーションが低いと悩んでいました。「だからモチベーションを上げるために、職場に音楽でもかけてみようと思うんですよね」と言います。（ちょっとズレているかな？　と思いながら）よくよく話を聞くと、ある一人が

特にモチベーションが低いとのこと。私が「その方、何年くらい勤務しているの？」と聞くと、

「もう10年以上も勤務しているんですよ。なのに朝の挨拶もろくすっぽできないんです」

「挨拶することはするの？」

「一応するんですけど、やる気がないというか小さな声で、ちょっと頭を下げる程度で」

私は少し考えて答えました。

「10年以上も勤務してるなら、業務意欲はある人なんじゃない？　モチベーションが低く見えるのは、挨拶の仕方に問題があるとか。Kさんとしてはもっとテンション高く挨拶してほしいってことじゃない？」

Kさんはハッとした顔をして「あっ、そうかもしれないです」と言っていました。

確かに、見るからにやる気がなさそうな姿は周りにも影響しますし、あまり気持ちのよいものではありません。ただ、もしかしたら私たちは「テンション」と「モチベーション」を混同しているのではないかと思うのです。

テンションは「緊張」とか「不安」という意味の言葉ですが、「良いニュースにテンションが上がる」のような使い方をするので、日本では「気分が高揚する」という意味で使われていることがわかります。テンションは、上がったり下がったりします。でも、モチ

ベーションはいったん肚に落ちていれば、ちょっとやそっとのことでは大きく下がったりしないのではないでしょうか。

モチベーション、言い換えれば「業務遂行意欲」が高いと、生産性は高まります。どんどん物事が進みます。モチベーションが高い人は、周りの目には「あの人はがんばっている」と映るかもしれません。けれど本人はがんばっているつもりはなくて、ただ楽しくて仕方がないのかもしれません。楽しみを感じてする仕事は、とても効率的に進みます。

このモチベーションは、どうすれば高くなるのでしょうか？　これも先にお話ししたコミュニケーションとつながります。

よく、オリンピック選手が金メダルを取ったときのインタビューで「支えてくれた方々のおかげで、金メダルを取れました。支えてくれた方々に感謝します」などと感謝の気持ちを述べると思います。キーワードは「感謝」です。人は多くのことに感謝しているとき、モチベーションが高い状態になります。

過去を振り返ってみてください。いまの自分があるのは誰のおかげなのか？　両親、家族、友人。どんな出来事も、よいことも悪いことも、いまの自分をつくってくれました。自然と「ありがとう」という言葉が出てくるはずです。

最初は、嘘でもよいので、「ありがとう」と心のなかで言ってみてください。嫌いな人にもです。面と向かって言えないなら、心のなかで「ありがとう」と言ってみてください。すると少しずつ、少しずつ感謝の気持ちが湧いてくるはずです。

最高の仕事の仕方は、朝起きたとき、自然と出る笑顔、自然とみなぎるパワー、自然と出る綺麗な言葉。そんな気持ちで仕事と向き合ったりすることです。

そして、それがモチベーションとなり、最大の生産性を発揮します。楽しく、充実した状態、モチベーションが高い状態が「がんばらない効率化」を加速度的に推進していきます。

第5章
情報を「ためない」「まとめない」と、組織の成長が加速する

ここまでは、物理的に「ためない」「まとめない」という話をしてきましたが、実は情報を「ためない」ということも重要です。意識していなくても、情報を自分だけで抱えてしまい、すぐに流さない、すぐに伝えないということはあるはずです。「別に、それぐらいいいんじゃない？」と思うかもしれませんが、これが知らず知らずのうちに効率を悪くしています。そんな話をしていきます。

◎領収書という情報を「ためない」ことによるメリット

私たちの会社では、領収書は部門長がまとめます。部門長が領収書をセロハンテープで紙に貼りつけ、スプレッドシートに入力します。現在は便利なアプリが出ているようですが、費用対効果でどちらが効率的かを考え、いまもそのような方法を採っています。

部門長がスプレッドシートに入力するのは金額だけでよく、あとは選択できるようになっています。実はこのとき、承認という行為も加わっています。出された領収書が適正でなかったら、その場でこれはダメということにもなります。部門長が入力したデータは、自動的にまとめられ、部門長に月に一度振り込みがされます。

経理は、多くの部門長が入力したデータが自動的に勘定科目ごとにまとめられたデータを入力するので、数行の仕分けをデータ上で行うことになります。内訳はスプレッドシートにあるので、記帳ルールとしては問題ありません。

そして運用のなかで問題になるのは、やはり1カ月に一度まとめる人がいるということです。立場上、会社のお金を使う頻度の高い人がいます。そういう人は財布の中に領収書がたくさんあります。それを1カ月に一度まとめると、整理するという余計な時間が生まれます。ですが毎日、領収書の金額を入力すれば、その領収書はすぐに処理されます。領収書をまとめて処理すると、忙しい月末がさらに忙しくなります。

毎日、この領収書という情報を片づけていれば、領収書を整理する時間はなくなり、すぐに処理ができるのです。こういった細かいことですが、情報を「ためない」「まとめない」ことにより、「がんばらない効率化」につながるのです。

◎お客様からの注文という情報も「ためない」

あるとき、営業マンがお得意様の店舗に伺い、商品の注文をいただきました。注文をいただいたのは14時。営業マンはその場で注文書を書きました。

ほかにも寄らなければならない営業先があり、遅くなったので営業マンは直帰。翌朝9

時に出社し、前日の注文書を営業事務に回しました。

営業事務は作業中の仕事の手を止め、急いでその注文書の伝票やピッキングリストを発行しました。おかげで10時には物流の担当者がピッキングを終え、その日のうちにお得意様へ商品を配送することができました。

最速でお得意様に届けられたので結果オーライですが、これをもし、営業マンが受注してすぐに情報を会社へ伝えていたら、そのあとの作業はどう変わっていたでしょう。

営業事務は時間的にも精神的にも余裕をもって、伝票やピッキングリストを発行できました。物流のほうの時間配分によっては、物流の担当者は前日のうちにピッキングを済ますことができたかもしれません。

営業マンは14時から翌朝9時までの19時間、情報を流さずに止めていました。そのせいで翌日、営業事務や物流担当者の業務は多かれ少なかれ影響を受けてしまいました。電話でもメールでもチャットでもいいから当日のうちに伝えていれば、もっとスムーズに事が運んだはずです。

情報も「ためない」「まとめない」ことが、「がんばらない効率化」につながります。

◎月１回の「定例会議」が情報をためる温床に

注文情報のほかにも情報はたくさんありますね。

多くの会社では会議を開きます。１週間に１回とか1カ月に1回など、頻度はテーマによって変わるでしょうが、会議がただの「報告会」になっている会社もあるのではないかと思います。

私たちの会社では、現在情報の共有化のためだけの会議を必要最低限まで減らしました。これも「ためない」「まとめない」という「がんばらない効率化」の一環です。

会議では通常、当日または少し前に資料を配布します。資料に書かれているのは、月1回の会議なら直近1カ月の情報、週1回の会議なら1週間の情報です。つまりその間の情報をためて、会議でまとめて報告していることになります。「もっと早くその情報を知っていたら、対策を講じて未然に防ぐことができたのに」と思った経験はありませんか？

情報共有のために開く定例会議は、かえって情報の停滞を招きやすいのです。

では、私たちがどのように情報を共有しているかというと、「Google Workspace」というビジネス向けクラウドサービスを使用し、得た情報はすぐにそこへ流すようにしています。部門やチームごとにスペースをつくってあるので、自分の仕事に直結する内容の情報を受け取ることができます。リアルタイムにスマホやパソコンに表示され、さらにはファイルもそのスペースで共有できます。

もちろんメンバーが一堂に会し、議論を深めることが目的の会議もあります。ですからまったく会議がなくなったわけではありませんが、そんなときも事前に情報が周知されていれば速やかに本題に入れます。

時代の流れは、猛烈に速くなっています。社内情報の共有化もスピードを上げたほうがよいはずです。

◎議事録は、全員でその場で作成する

ひと昔前の議事録は「会議でメモを取り、会議が終わってからそれをパソコンでWord文書にまとめる」なんてことをしていましたね。そして「プリントアウトして配布する」なんてこともありました。これでは情報をメモにため、まとめて議事録を作成していることになります。完全に「がんばらない効率化」に反します。

私たちはGoogle Workspaceのスプレッドシートやドキュメントなどのアプリを利用し、会議やミーティングに参加するメンバーがその場で打ち込んでいきます。パソコン画

面で全員が同じファイルを見ながらの同時入力が可能であり、感覚的には、メモを取る代わりに誰かが打ち込んでいる感じです。その場で出てきたアイディアや新しい情報などが打ち込まれ、会議が終了する時点で議事録に代わるものが出来上がっています。この方法だと、改めて議事録をつくる必要がありません。

担当の人が、メモに書き留めた情報をもとに議事録を作成する時間がなくなりました。このようにして、議事録を改めて作成する時間を削減することができました。

◎効率的に経営計画を作成する方法

私たちは毎年、経営計画を作成します。定性的な計画や、定量的な計画もあります。社長になってから10年ぐらいは私一人で作成していましたが、グループ各社の経営者や部門長も育ち、いまでは12人で作成しています。

最初に私から経営戦略や方針を説明します。そのあとみんなで作成していくのですが、お互いに議論したり話したりしながら作成し、それぞれのファイルに打ち込んでいきます。お互いに議論はしますが、その議論の結果、その人がどんな計画をつくっているかは、なんとなくしかわかりません。そして、個々が作成したファイルを私がまとめます。

書体や大きさ、レイアウトなどのルールは決めておくものの、なかなか統一されないので、手直しをしながらつなげていました。

しかしこれもまた、なかなか時間がかかるのです。この方法でも悪くはないのですが、現在は次のように変えました。

最初に私から経営戦略や方針、事業の方向性を説明します。そしてファイルを共有し、議論をしながら同時入力していきます。

他部門との関係性で方向性が決まるようなことは、その場で相談したり、議論したりしながらさまざまなことが決定されていくので、仕事としてはとても速く進みます。

同じファイルを見ながらみんなで同時に入力をしているので、ほかの人が議論の結果どんな内容を作成しているかリアルタイムでわかるし、初めに決めた書体や大きさ、レイアウトのルールから逸脱していれば、その都度、私を含めた誰かが指摘します。

経営戦略の説明から始まって、おおむね2時間かからずに経営計画が完成します。もちろん、それぞれが事前に考えて経営計画を作成する会議に参加しますので、温められたり、寝かせたり、揉まれたものもあり、とても深みのある内容になります。

さらには、経営数字もスプレッドシートに同時入力です。

私から全体計画の数字を発表し、また各グループ会社の計画数字を発表します。そこから部門ごとや月ごと、担当ごとに数字が落とし込まれていきます。

経営層は、損益計算書はもちろんのこと、貸借対照表の計画も作成します。このときも同時編集しているので、私から見えています。間違いを指摘することもできますし、そもその財務の知識について指導することもできます。

技術の進歩で同時に同じファイルを作成できるようになり、人と人との間にたまる情報、あとで誰かがまとめてやる仕事が格段に減り、作業の効率化が図れました。画期的なことが起きました。これを使わない手はありません。

◎社内データポータルサイトが、たった１時間半で完成

私たちのグループには社内データポータルサイトがあります。以前は日本の大手のものを使用していましたが、現在はGoogle上で作成されています。

誰が作成したかというと、部門長会議のときにみんなでつくり上げました。最初のデザインは私が作成し、社内ポータルサイトの重要性、ポータルサイトでどういうことがしたいかということを説明したあと、みんなで作成したのです。

これも同時編集で作成していきました。部門や会社ごとに分かれ、自分たちにとって重

要な情報は何かを話し合いながら、時には隣の部門と調整をしながら、どんどん作成していきました。

本社の人たちは、みんなに提供している申請類をトップページに配置していったり、各部門の人たちは売上表でシフト表をリンクしたりと、デザインは統一感があるものの、それぞれ個性的で実用性のある社内データポータルサイトが出来上がりました。

私が説明を初めてから出来上がるまで、たった1時間30分の作業です。これも同時編集がなせる業です。

情報を「ためない」で作業をするだけで、劇的に速くなります。普通でしたらプロジェクトチームをつくり、各部門の調整が入ったり、その都度報告や相談があり、日程どおりにいかずリスケジュールしたりと、数カ月単位で出来上がるような案件です。技術の進歩と「がんばらない効率化」が見事にマッチした瞬間です。

◎売上表や作表も「ためない」「まとめない」

多くの会社で売上表があると思います。日々の売り上げは基幹システムやレジのシステムでわかりますが、私たちのグループでは、システムが会社や部門によって違うこともあり、また、売上目標や利益目標があるので、日々の売り上げを担当者ごとや店舗ごとに入力をします。

レジデータと入金の差異チェック、あるいは伝票と基幹システムのデータの差異チェックも含まれるので、仕事としては不可欠なものとなります。そのとき、スプレッドシートに入力します。もちろん同時入力が可能なので、その後の作業はありません。

よく、エクセルファイルをメールで送り、複数のエクセルファイルをコピー・アンド・ペーストして、一つのエクセルファイルにまとめているところもあるようですが、私たちグループでは入力して完了です。

そして、その入力されたデータは、さまざまな形の売上表となります。日計表にリンクしていて、誰かが入力すればもちろん更新されます。

また、売上総合管理表にもリンクされています。さらにはGoogle の Looker Studio のデータとしても活用しているので、さまざまなグラフが更新されます。入力された売上データをそのまま活用するので、グラフや表に反映するまでのタイムラグは数分、あるいは数秒です。

人が介在すれば、そこに情報がたまることになります。そして、全員からメールが来たりしてまとめて作業をします。ここでも、「ためない」「まとめない」ことによる「がんばらない効率化」が実現されました。

技術の進歩により、私たちグループでもお得意様やメーカーとデータでやり取りすることが増えてきています。

お得意様とのやりとりはＦＡＸ、電話、メールなどさまざまですが、ＥＤＩというデータでいただけるところもあります。そのまま基幹システムに出荷データとして流し込み、伝票やピッキングリストが作成されるのでとても便利です。

このデータをもとに、メーカーに発注をする商品があります。受注発注商品です。

毎回のメーカーへの発注に、以前は1時間かかっていました。いまは簡単なＶＢＡを組み、３分でできるようになっています。

請求書の突き合わせもメーカーからデータをいただき、私たちのデータとＶＢＡで組んだプログラムを使って突き合わせをしたりしています。

◎コロナ禍をきっかけに情報を「ためない」組織にシフト

以前はシステム会社にいろいろと注文をつけ、そのたびに見積もりを取り、料金を払って基幹システムを中心にカスタマイズしてきましたが、現在は自分たちでできることは、自分たちで考えるようになりました。

きっかけはコロナ禍です。私たちグループは仕事が全体的に減り、コロナ禍で大きな打撃を受けました。

私自身も会合や会食、商談などが少なくなったのでとても時間が空きました。ですからその時間を利用し、事業の再構築をしていく戦略を考えました。

統合していく部門や伸ばしていく部門などを考えるのと同時に、生産性を上げていかなくてはならないと考え、ＤＸという言葉も流行《はや》るなか、ＶＢＡに目を付けました。いわゆる「マクロ」というやつです。

社内に取り入れようとしたことは何度かありましたが、なかなかうまくいきませんでした。そこで考えたのは、まず私が覚えるしかないということです。

それまで何度も本を買っては挫折し、会社にはＶＢＡの本が10冊以上あります。「本では理解できない……そうだ、YouTubeだ！」と思い、ひたすら動画を見まくりました。すると、ある方のチャンネルがとてもわかりやすかったのです。その方は本も出していて、本と動画がリンクしています。理解が早まり、２週間ぐらいで簡単なプログラミングができるようになりました。

そしてゴールデンウィークに３日ぐらいかけて、「見積もり作成システム」と称して、商品一覧から商品を選択するだけで見積書をつくれる仕組みを完成させました。また、出荷数から在庫数を把握し、発注数を自動的に決める仕組みもつくりました。

私ができるようになり、社内の数名にプログラミングを教えると、一人、また一人とプログラミングができる人が増えていきました。そこからは加速度的に、プログラミングができる人たちが増えていったのです。

私がつくることにより、社内にその文化をつくっていく感覚です。

プログラミングにより作業の自動化をすると、手作業なら作業と作業の間にたまる情報が、川のようにスムーズに流れていきます。ためたり、まとめたりするのではなく、とても速いスピードで一つひとつこなしてくれます。私たちにとっては、革命でした。

私たちは、ためたり、まとめたり、あるいはプログラミングすればデータの形が変わらない限り半永久的に自動化できるのに、手作業でやっていくことを「パワープレー」と呼んでいます。そして、プログラミングのなかにも、パワープレーがあることがわかりました。普段パワープレーをしている人は、プログラミングの書き方もパワープレーなのです。

簡単に書けることを複雑に書くなど、とても長いコードになっていくのです。これは、私にとって発見でした。その人の思考が見えてくる感じです。

同じものをつくっているのに、その思考過程が違うので、部下のことをもっと深く理解することもできたと思います。これは副産物でした。

◎蓄積されたデータを使ってさらなる効率化を

日々、私たちの基幹システムやレジシステムにはデータが積み上がっていきます。これらのデータを活用しない手はありません。

私たちは、発注の予測をＡＩに機械学習させることにより実施しています。過去３年間のデータから、向こう３カ月その商品がどの程度販売されるかを予測しています。適正な量の発注がなされるので、特殊要因がない限り大きくブレることはありません。もちろん、実際に発注するときには人間の経験値を加味することもありますが、おおむね機械学習によって得られる予測値とベテランの経験値による予測値は近いものになっています。

ただ人間の場合は、そこにプラスアルファを加味して少し多めに予測する癖のある人が多いのです。そして、それが川下から川上に行く間で、さざ波だったものが津波になりま す。

私たちの本社倉庫の荷受けも、予想どおりに発注すると荷受け作業が平準化され、とても楽になります。そしてメーカー側も、必要な量だけをつくるので、製造が楽になっていきます。卸売業の倉庫も波が減り、そのことによって欠品や過剰在庫が減ります。

しかし、この「さざ波が津波になる」問題は、食品業界における社会現象とも言うべき毎年繰り返されるもので、近年だんだんとひどくなってきました。第1章でお話ししたように、年末の注文を10月から要求してくるメーカーもあります。

それは生産予定を立てるためです。そんなことをすると、余計、自分の首を絞めるだけですね。

おわりに

平等に与えられた8万6400秒

時間の流れは誰にも平等だといいます。裕福な人でもそうでない人でも、有名人でもそうでない人でも、社長さんでもそうでない人でも、平等に時間は流れ、時間は過ぎていきます。

時間はみんなに公平に与えられているけれど、残酷な側面もあります。それは、時間は待ってくれないということです。どんどん過ぎていきます。時間というのは、平等すぎて、本当に残酷です。

スポーツの試合やゲームのなかではタイムがかけられますが、人生のなかで、命という時間にタイムはありません。

その時間にどれぐらい向き合っているか?

時間は有限です。1日は24時間、8万6400秒で、みんなに平等にやってきます。

時間がない……そういうことは多いと思います。学習するにも、仕事するにも、プライベートでも。昔の人は、「早起きは三文の徳」と言いました。これはまさにそうです。特に朝の時間をどう有効に利用するか。毎日の積み重ねで大きく変わります。

1日1日、1秒1秒をどう使うのか。何のために命を燃やすのか？　悔いのない人生を送りたいと多くの方が感じているはずです。

本書でも触れたように、私たちのグループ会社に味噌工場があります。金山寺味噌や甘酒をつくっています。

味噌も甘酒も発酵食品です。特に味噌は長い時間をかけて、出来上がります。日本の麹《こうじ》文化は本当にすごくて、味噌、醤油、日本酒、焼酎、酢、みりんなど多くの調味料やお酒が麹を利用した発酵食品です。

ある日、あることに気がつきました。「発酵」と「腐敗」は、原理が同じで、ほんのちょっと何かを間違えると、「腐敗」になります。時間を味方につけると「発酵」です。時間を敵にすると「腐敗」なのです。

原理は同じだけれど、まったく違うものになる。おいしいものになる「発酵」、食べられないものになる「腐敗」。発酵か、腐敗か、紙一重《ひとえ》の差です。人生も同じだし、仕事も同じだと思うのです。

仕事をカタチにするには、多くの時間がかかります。ぼやっとしていると、あっという間に時間は過ぎます。

生産性のあることをする1時間も、睡眠の1時間も、遊びの1時間も、どれも重要です。大切なのは、きちんとそのとき、そのときの出来事に向き合っているかということです。なんとなくぼやっとしているのは、もったいないですね。休憩などのときはぼやっとして、身体や心を休めることは大切です。でも、一生懸命やらなくてはならないときに、なんとなく過ごすのはもったいないと感じます。

人は時間を味方につけると光り輝くし、敵にすると老いていくのだと思います。だからこそ「がんばらない効率化」を実践し、余裕のある時間をつくり出し、疲弊することなく学びや余暇、体験というものに時間を使ってほしいのです。

温泉のお湯から感じたこと

日本には温泉が好きな人がたくさんいます。どうして温泉に行くのでしょうか？　家のお風呂とどこが違うのでしょうか？　大きさ？　雰囲気？　風呂の形？　お湯の質？　たくさんの理由があります。

その理由の一つ、お湯自体についてお話ししたいと思います。お湯のどこが違うのか？　時間が違うのだと感じます。

本物の温泉のお湯は、昨日今日お湯になったのではなく、歴史あるお湯なのです。それは何十年かもしれないし、何百年かもしれない。それはもうお湯のベテランです。

人間は、とてもいろいろなことを感じ取れます。本物の温泉のお湯、ずーっとお湯だった温泉と、たったいま蛇口から出て水からお湯になったお湯とでは、まったくもってその質が違うのは明らかです。温泉のお湯は、その成分も変わっていきます。

翻って、私たちにも言えることです。

たとえば挨拶。きちんと挨拶ができる人は、ずっと挨拶がしっかりできているのです。昨日今日覚えたものだったら、なんとなくぎこちない挨拶になってしまいます。ですから、これも経験という時間を味方につけることになります。

さらに言うと、人生は複利です。毎年、何パーセントずつ成長するかということを私は意識しています。

よく運用や投資も毎年7・2%ずつ増やせると、10年で2倍になると言います。計算するとまったくそのとおりです。10年で倍ですが、20年では4倍になります。30年で8倍、40年で16倍になります。

人生も同じで、7・2%ずつ成長した人というのはけっこういるのではないでしょうか？　まったく成長していない人と、40年で16倍の差が生じます。

「そんなに差はつかないでしょう」と思うかもしれませんが、これってけっこう現実的な数字です。たとえば、年収です。大学を卒業した1年目というのは、年収で言うと３００万円ぐらいでしょうか？　40年後、16倍の４８００万円は本当に稀かもしれませんが、存在します。人生の価値を決定するのは年収ではないことは重々承知していますが、わかりやすい事例だと思います。

そして、この複利の考え方ですが、最初はあまり差がつかないのですが、ある時点からブレイクスルーが起きます。

たとえば、本を読む速度や理解力です。社会人になりたてのころは一冊のビジネス書を読むのに、毎日1時間読んでも1週間はかかりました。途中でわからないことが出てきたり、理解が進まなかったりするからです。1カ月で3冊程度がやっとでしたが、少しずつ理解が深まり、経験を積み、30年経ったいま、簡単な本なら1時間とか2時間で読めるようになりました。読む速さは7倍になっています。

こうやって、社会人になりたてのころよりも少ない努力で済むようになって、さらに言うと同じ努力をすれば、もっと成長できるようになりました。

それは、発射台がまったく違う次元にあるからです。これが複利で成長することのメリットですね。

そして複利には、継続がとても大切です。少しずつコツコツです。複利で成長というのは、人生の「がんばらない効率化」に通ずる考え方です。毎日を楽しんで、いろいろなことに学び、成長していけば、きっと面白い人生が歩めるはずです。

ここまで、たくさんの事例を中心にお話ししてきました。私自身が教わり、経験してきた効率化の考え方をすべてお伝えしたつもりです。

もしかしたら、ちょっと変わった考え方だったかもしれません。大切なのは、試してみること、挑戦してみること、そして自分の頭で考えることです。どうせ一度きりの人生なら、ありとあらゆることに、精一杯「命」を使っていきたいと思います。

最後になりましたが、本書をまとめるにあたり、お世話になった株式会社ＰＨＰエディターズ・グループ企画制作部副編集長の髙橋美香さんと副主事の伊藤利文さんに心よりお礼を申し上げます。お２人とお話ししていると毎回、どうやって読者の皆さんにお伝えすればいいかが鮮明になりました。素晴らしい方々に出会えたと心から感謝申し上げます。

また、こうして多くの方々に伝えるために本書を書き上げられたのも、共に働いている仲間がいるおかげであり、心の底から感謝の気持ちでいっぱいです。

そして、私のわがままを聞いてくれ、私の健康管理のために食事・栄養・精神面、すべて支えてくれている妻に感謝感激、ありがとうと言いたいと思います。
この本は、たくさんの方々のアドバイスなしにはカタチになりませんでした。本当に皆さん、ありがとうございます。

本書を読んでくれた方々が「がんばらない効率化」を実践し、豊かな人生を手に入れることと、社会全体が「がんばらない効率化」を実践し、本質的に豊かになることを祈りつつ、そろそろ筆をおきたいと思います。私は本書が多くの方々に読まれ、社会全体で効率よくなることが、世の中をよくすることと信じています。
「がんばらない効率化」を実践する旅をぜひ、楽しんでください。

２０２３年5月吉日

諏訪寿一

図27 がんばらない効率化総まとめ

がんばらない効率化「5つの型」	家庭	事務	物流	製造	その他
一の型 一人分業からの一気通貫変換法	●皿洗い ●洗濯物をたたむ	●封筒開封一人仕事 ●会議資料配布		●茄子のヘタ取り	
二の型 複数人分業からの一気通貫変換法		●封筒開封2人仕事	●バケツリレー		●少年野球 ●稲刈り
三の型 大から小に変換法	●掃除道具		●作業台 ●台車 ●カゴ車 ●平台車 ●物流棚 ●バラピッキング	●作業台	●米俵
四の型 時間ピボット法	●夏休みの宿題 ●草刈り ●掃除 ●買い物	●経理の仕事 ●税理士との仕事			●学校の時間割
五の型 ボトルネック解消法				●生産ライン ●茄子の洗浄 ●商品の包装	●渋滞 ●山登り
+α コミュニケーション円滑化	●身近な人間関係 ●行商のおばさん				
+α 情報を流す	●ツールを使いこなす				

謝辞

本書に書いた内容の多くは、株式会社ＹＡＮＡＩ総合研究所の箭内武先生に教わりました。

私たちは箭内先生の指導によって得たノウハウを「箭内式」と呼んでいます。月に1回来ていただき、毎回、魔法のような指導で私たちの目を丸くさせてくれます。私たちと関係の深い会社にも出向いてくださり、ノウハウを惜しみなく提供し、社会全体の効率化を指南してくれる熱い先生です。

箭内先生は、じわりじわりと、私たちにとても大きな変化を起こしてくださいました。それは私たちが成長していく原動力になっています。とかく肥大化しがちな企業の成長ですが、強靱な身体をつくりながら成長していくような感覚です。

この場を借りて箭内先生に、心から感謝を申し上げます。

諏訪寿一

creative director　奥村靫正（TSTJ Inc.）

art director　出羽伸之（TSTJ Inc.）

designer　真崎琴実（TSTJ Inc.）

chart creation　桜井勝志

著者プロフィール
諏訪寿一（すわ・としかず）

1971年生まれ。千葉県市原市出身。明治大学経営学部卒業後、24歳で中小企業診断士取得。32 歳で株式会社諏訪商店代表取締役就任。事業承継を成功させ、千葉県産食材を使った土産物や特産品を揃えた、「千葉が好き。房の駅」を県内外に展開。創業170年超の「小川屋味噌店」（千葉県東金市）をはじめとする企業と再生型M＆Aを６回行い、農業・食品製造・卸・小売・飲食等のグループ経営を確立。自身が考案・実践している「がんばらない効率化」を基本に、生産工程の無駄を省き、赤字の事業を１年で黒字化するなど、すべてのM＆Aを成功に導く。自らの経営経験を生かし、現在ではコンサルタントとして事業のシナジーを促進させ、地域ビジネスの可能性を広げる提案を行っている。

みそソムリエ（一般社団法人東京味噌会館　みそソムリエ認定協会）、E資格（一般社団法人日本ディープラーニング協会〈JDLA〉）取得。

【著者への相談・質問はこちらまで】
株式会社 FUSA コーポレーション
（株式会社諏訪商店内）
〒290-0073　千葉県市原市国分寺台中央7-16-2
TEL：0436-21-2637
（受付時間 10：00～17：00　木・日・祝日除く）
https://sites.google.com/view/fusacorp

家事から仕事まで使える
がんばらない効率化

2023年 6 月14日　第 1 版第 1 刷発行

著　者　　諏訪寿一
発　行　　株式会社ＰＨＰエディターズ・グループ
〒135-0061　東京都江東区豊洲5-6-52
☎03-6204-2931
http://www.peg.co.jp/
印　刷
製　本　　シナノ印刷株式会社

ISBN978-4-910739-15-1